山西珍贵文物档案

⑲

吕梁综合卷

山西省文物局 编

科学出版社

北 京

图书在版编目（CIP）数据

山西珍贵文物档案.19 / 山西省文物局编. -- 北京：科学出版社，2022.11
ISBN 978-7-03-073651-2

Ⅰ.①山⋯　Ⅱ.①山⋯　Ⅲ.①文物 – 介绍 – 吕梁　Ⅳ.①K872.25

中国版本图书馆CIP数据核字（2022）第203119号

责任编辑：张亚娜　张睿洋／责任校对：王晓茜
责任印制：肖　兴／书籍设计：北京美光设计制版有限公司

科 学 出 版 社 出版

北京东黄城根北街16号
邮政编码：100717
http://www.sciencep.com

北京华联印刷有限公司 印刷
科学出版社发行　　各地新华书店经销

*

2022年11月第 一 版　　开本：889×1194　1/16
2022年11月第一次印刷　　印张：15
字数：130 000

定价：300.00元

（如有印装质量问题，我社负责调换）

《山西珍贵文物档案》编辑委员会

凡 例

1. 《山西珍贵文物档案》（以下简称《档案》）是山西省境内国家机关、事业单位、国有企业及国有控股企业收藏的珍贵文物档案。内容包括收藏文物目录、文物基础信息及文物图片。

2. 《档案》中的文物原则上是以历次经国家文物局、省文物局组织专家认定的珍贵文物，包含已在第一次全国可移动文物普查平台上备案的珍贵文物或在普查后新定级的珍贵文物。信息表中的"级"即为所认定珍贵文物的级别。

3. 珍贵文物分类原则上按照国家文物局馆藏分类标准来分类，信息表中以"类"表示。

4. 文物的基础信息包括文物名称，国家普查平台登录号，收藏单位，收藏单位原始编号（或辅助账号、发掘号），级别，分类，尺寸，年代，来源，入藏时间等 10 项内容。

5. 文物名称原则是依据第一次全国可移动文物普查定名标准定名，但部分文物的定名保留原始账号的名称。

6. 文物单位编号分收藏单位原始编号和国家普查平台登录号，表中"原"为收藏单位原始档案编号，"No"是国家可移动文物普查平台登录号。

7. 年代采用中国史学界公认的纪年，古人类和古脊椎动物化石地点使用地质年代，史前文物使用考古学年代、历史文物使用王朝年代，纪年确切的用公元纪年表示，个别判定不清年代的文物用"年代不详"表示。信息中的"代"是指文物本体的年代，各类文物年代按时代早晚顺序排列。

8. 信息表中的"源"是指现收藏单位获得文物的来源，"入"是指馆藏文物单位登记入库的时间。

9. 文物本体尺寸，依照第一次全国可移动文物普查的标准测量，信息表中的"cm"是指文物本体尺寸，以厘米计量。

《山西珍贵文物档案》编辑委员会

前 言

　　人类对文物艺术品的收藏由来已久，从私人收藏、欣赏、研究，发展到创办博物馆向公众开放，走过了悠悠数千年的漫长道路。文物藏品是博物馆工作的物质基础，妥善保护和管理博物馆藏品，并在此基础上拓展其用途，使之更好地为公众和社会发展服务，这应当是博物馆以及其他文物收藏单位藏品管理工作的出发点和落脚点。

　　博物馆藏品管理是伴随着博物馆的出现而"与生俱来"的，世界各国大都经历了对藏品认识的不断深化，不断走向规范化、制度化和科学化的发展过程。中国的博物馆事业与西方国家相比起步较晚，直到 21 世纪才步入了快速发展的新时期。1982 年颁布的《中华人民共和国文物保护法》规定："历史上各时代重要实物、艺术品、文献、手稿、图书资料、代表性实物等可移动文物，分为珍贵文物和一般文物；珍贵文物分为一级文物、二级文物、三级文物"；"博物馆、图书馆和其他文物收藏单位对收藏的文物，必须区分文物等级，设置藏品档案，建立严格的管理制度，并报主管的文物行政部门备案"。同时，对馆藏文物的调拨、举办展览、科学研究、借用、交换、处置、销售、拍卖、出境和馆藏文物的复制、拍摄、拓印也做出了具体规定；1986 年文化部印发《博物馆藏品管理办法》，进一步规定"博物馆对藏品负有科学管理、科学保护、整理研究、公开展出和提供使用（对社会主要是提供展品资料、研究成果）的责任"，要求保管工作必须做到"制度健全、账目清楚、鉴定确切、编目详明、保管妥善、查用方便"。国家法律和规章的出台，使可移动文物的保护管理逐步纳入法制化轨道。

　　2012 年 2 月，《国家"十二五"时期文化改革发展规划纲要》明确提出"健全文物普查、登记、建档、认定制度，开展可移动文物普查，编制国家珍贵文物名录"。2012 年 10 月，国务院印发《国务院关于开展第一次全国可移动文物普查的通知》。2013 年 3 月，国家普查领导小组办公室向全国印发了《第一次全国可移动文物普查实施方案》。在国家文物局的具体组织下，各级国家机关、事业单位、国有企业及国有控股企业、人民解放军及武警部队按照统一部署，展开了为时 5 年的国有文物普查工作，共调查 102 万个国有单位，普查可移动文物计 10815 万件/套，其中按照普查统一标准登录文物完整信息的有 2661 万件/套（实际数量 6407 万件）。这次普查工作，摸清了我国可移动文物资源的总体情况，新发现一批重要文物，建立起国家文物身份证制度，建设了全国文物资源数据库，为健全国家文物资源管理机制，夯实文物基础工作，全面提升文物保护管理水平奠定了坚实基础。

山西是全国文物大省之一，1919年设立了山西教育图书博物馆，是创建博物馆较早的省份。新中国成立以后，特别是改革开放和21世纪以来，全省博物馆事业得到了快速发展，大量新出土文物、社会征集文物入藏各级国有博物馆和其他文物收藏单位，越来越多的现代化博物馆逐步建成，为馆藏文物的保护、研究、展示、文化传播提供了前所未有的条件和基础。但不容忽视的是，也有许多文物收藏单位，因专业力量薄弱、保藏条件有限，藏品管理存在管理理念落后，管理职责不明，制度规范落实不到位，藏品记录不完备，文物分级管理底数不清，档案缺失等诸多问题，给馆藏文物的依法管理、文物藏品的展示利用、文物安全和责任追究带来很多困难和问题。就山西而言，在"一普"之前，珍贵文物的底数始终不清晰，有记载的鉴定定级工作大致如下：

20世纪80年代以前，全省博物馆数量较少，除几个省市级博物馆自行做过一些鉴定定级工作外，没有开展过全省范围的鉴定定级工作。1987～1989年，省文物局组织开展了一次全省文物系统馆藏文物的鉴定定级工作，对全省文物收藏单位进行文物建档起到了积极的推动作用，遗憾的是，鉴定结束后未形成文件下发收藏单位。1997～1998年，国家文物局组织文物鉴定委员会专家对我省的鉴定定级成果进行了一次系统梳理和专业确认，奠定了我省珍贵文物定级的基础和范例。2001～2006年，我省承担财政部、国家文物局馆藏文物数字化和数据库建设试点任务，对录入数据库的120万件文物进行了核查，补充了部分珍贵文物信息资料，编印了《山西馆藏一级文物》图录，上报国家文物局备案。

2012～2016年开展的第一次全国可移动文物普查，是山西全省范围内开展的规模最大、时间最久、效果最好的可移动文物管理的基础性工作。41316家在晋国家机关、事业单位、国有企业及国有控股企业都纳入了此次普查范围。核定文物收藏单位413家，认定并登录文物数据653100多条（件/套），实际文物320多万件，其中珍贵文物近6万件。

珍贵文物是所有文物藏品中的重中之重。在普查后期开展的数据核查过程中，我们清楚地认识到，我省现有珍贵文物在鉴定定级记录、收藏档案记录、账实是否相符、信息是否完备等方面还存在一些问题，我们有责任按照《中华人民共和国文物保护法》的要求，继续对珍贵文物的收藏情况、鉴定定级情况、信息记录资料、收藏流转情况等做出进一步核对和完善，并及时将文物档案的主要信息公之于众，以提升公共文化服务的能力和水平。

文物承载灿烂文明，传承历史文化，维系民族精神，是老祖宗留给我们的宝贵遗产，是加强社会主义精神文明建设的深厚滋养。保护好、管理好、利用好、传承好历史文物，是新时代社会主义文博工作的重大使命。为了实现这一目标，我省经过认真分析研究，决定在加强管理的基础上，按照现行管理体制，由省级到市县，从一级文物入手，然后二级、三级，逐步整理、编辑出版《山西珍贵文物档案》（以下简称《档案》），同时利用编印《档案》的任务压力，反过来助推藏品日常管理的精细化和藏品档案的建立健全。我们希望这套《档案》能成为全省文物单位依法保护、管理、利用珍贵文物的工具书，同时也能有利于文物信息的社会共享，起到公共文化服务的积极作用。

编辑出版文物档案，没有先例可循，我们只是因着粗浅的认识和责任担当意识抛砖引玉，为全国同行探路试水，因此缺点和错误定所难免。真诚希望国家文物局和专家学者批评指正，使我们在今后的工作中不断改进。

目 录

商 饕餮纹"子"铜觚

- No 14110221800021000000272
- 藏 吕梁市博物馆
- 原 0003
- 级 一级
- 类 铜器
- 代 商
- cm 通高 27.7，口径 16，底径 10
- 源 1969 年山西省石楼县义牒公社义牒村琵琶垣出土
- 入 2002 年

商 饕餮纹立耳铜鼎

- №️ 1411022180002100000521
- 藏 吕梁市博物馆
- 原 0111
- 级 一级
- 类 铜器
- 代 商
- cm 通高 24，口径 20
- 源 2002 年山西省吕梁地区汾阳市征集
- 入 2002 年

商 饕餮纹铜斝

No 1411262180001300001231

藏 石楼县文化和旅游局

原 002

级 一级

类 铜器

代 商

cm 通高 23，口径 15.5，足高 9.5

源 1958 年山西省石楼县前山乡下庄村
出土

入 1958 年

商"并"有銎直内铜戈

No 14110221800021000000539

藏 吕梁市博物馆

原 0014

级 一级

类 铜器

代 商

cm 通长 20.7，通宽 5.9，銎宽 3.5

源 1970 年山西省石楼县肖家塌村出土

入 2002 年

商"匿"有銎直内铜戈

No 1411022180002100000656

藏 吕梁市博物馆

原 0015

级 一级

类 铜器

代 商

cm 通长 21.9，通宽 5.6，銎宽 3.6

源 1969 年山西省石楼县义牒公社义牒村
琵琶垣出土

入 2002 年

商 "亭" 单穿铜戈

No 14110221800021000000639

藏 吕梁市博物馆

原 0016

级 一级

类 铜器

代 商

cm 通长 22，通宽 8.1

源 1975 年山西省吕梁地区石楼县褚家峪村出土

入 2002 年

商 环首双股柄铜削

No 14110221800021000000433

藏 吕梁市博物馆

原 0004

级 一级

类 铜器

代 商

cm 通长 24.4

源 1975 年山西省吕梁地区石楼县褚家峪
村出土

入 2002 年

商 兽面纹有銎铜钺

No 14110221800021000000660

藏 吕梁市博物馆

原 0008

级 一级

类 铜器

代 商

cm 通长 16.5，刃宽 10.3

源 1973 年山西省吕梁地区石楼县义牒公
社会坪村出土

入 2002 年

商 铜舞铙

- No 1411022180002100001139
- 藏 吕梁市博物馆
- 原 0006
- 级 一级
- 类 铜器
- 代 商
- cm 高 28.5，口径 4.5
- 源 1976 年山西省吕梁地区石楼县曹家垣村出土
- 入 2002 年

商 乳钉涡纹三銮铜刀

No 14110221800021000000411

藏 吕梁市博物馆

原 0009

级 一级

类 铜器

代 商

cm 通长 28.8，通宽 6.2

源 1969 年山西省石楼县义牒公社义牒村
琵琶垣出土

入 2002 年

商 铃首铜剑

No 14110221800021000000386

藏 吕梁市博物馆

原 0010

级 一级

类 铜器

代 商

cm 通长 25.7，通宽 4.8

源 1976 年山西省吕梁地区石楼县曹家垣
村出土

入 2002 年

商 乳钉纹有銎铜斧

No 1411022180002100000490

藏 吕梁市博物馆

原 0011

级 一级

类 铜器

代 商

cm 通长 14.2，銎宽 5，刃宽 4.1

源 1978 年山西省吕梁地区石楼县出土

入 2002 年

商 鸟纹单穿直内铜戈

№ 14110221800021000000432

藏 吕梁市博物馆

原 0012

级 一级

类 铜器

代 商

cm 通长 21.5

源 1975 年山西省吕梁地区石楼县褚家峪
村出土

入 2002 年

商 方銎铜锛

No 14110221800021000000605

藏 吕梁市博物馆

原 0013

级 一级

类 铜器

代 商

cm 通长 12.2，銎宽 5.5，刃宽 5

源 1967 年山西省石楼县义牒公社义牒村
东出土

入 2002 年

商 凤纹曲内铜戈

No 14110221800021000000662

藏 吕梁市博物馆

原 0019

级 一级

类 铜器

代 商

cm 通长 27.5，内长 8，援长 19

源 1976 年山西省吕梁地区石楼县义牒公
社郝家畔梁出土

入 2002 年

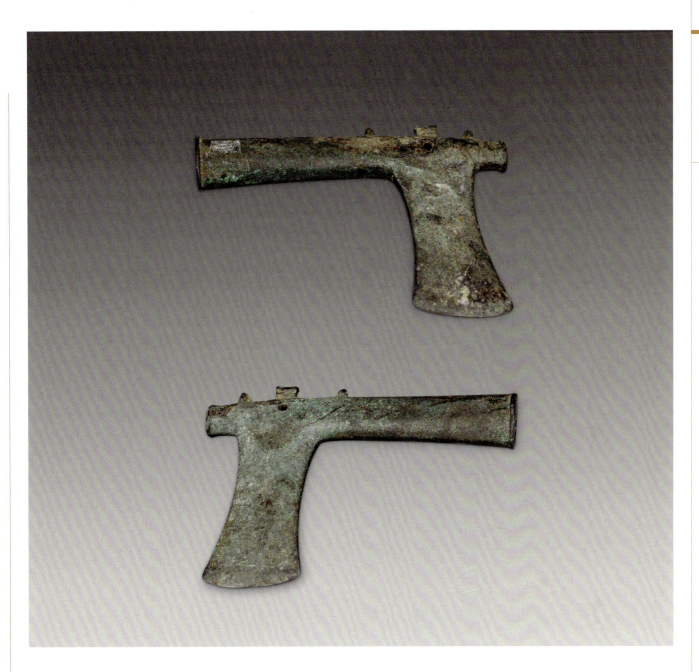

商 长銎铜斧

- No 141102218000210000508
- 藏 吕梁市博物馆
- 原 0020
- 级 一级
- 类 铜器
- 代 商
- cm 通高 13.7，銎长 18.7，刃宽 5.5
- 源 1976 年山西省吕梁地区石楼县曹家垣
  村出土
- 入 2002 年

商 单孔有銎铜钺

No 1411022180002100000564

藏 吕梁市博物馆

原 0021

级 一级

类 铜器

代 商

cm 通长 14，銎长 8.8，刃宽 8.4

源 1976 年山西省吕梁地区石楼县义牒公
社圪垛坪村出土

入 2002 年

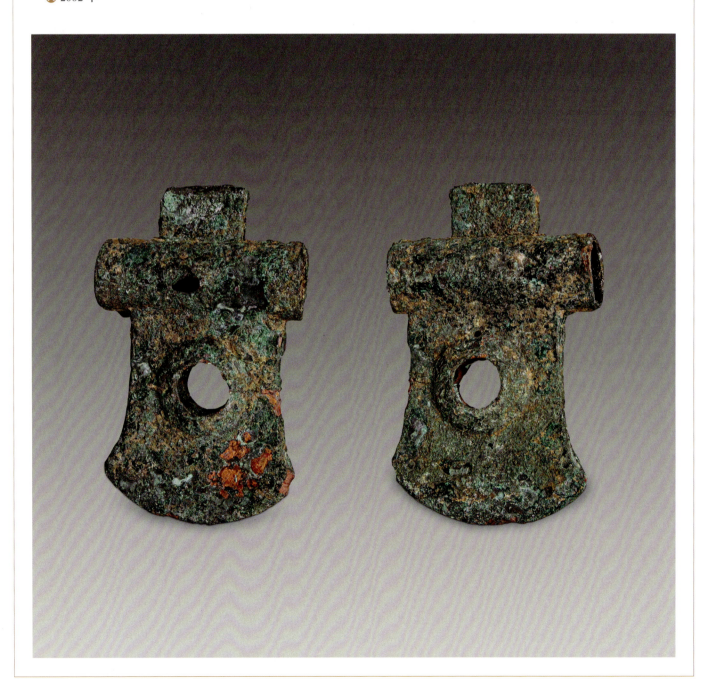

商 双环首铜削

- **No** 14110221800021000000347
- **藏** 吕梁市博物馆
- **原** 0023
- **级** 一级
- **类** 铜器
- **代** 商
- **cm** 通长 22.8，柄长 9，刃长 14
- **源** 1978 年山西省吕梁地区柳林县高红村
  出土
- **入** 2002 年

商 铃首铜剑

- Ⓝ 14110221800021000000592
- 藏 吕梁市博物馆
- 原 0024
- 级 一级
- 类 铜器
- 代 商
- ⓒⓜ 通长 23.5，通宽 4.8
- 源 1978 年山西省吕梁地区柳林县高红村
  出土
- 入 2002 年

商 乳钉涡纹三穿铜刀

Ⓝ 14110221800021000000663
Ⓐ 吕梁市博物馆
Ⓞ 0025
Ⓖ 一级
Ⓣ 铜器
Ⓒ 商
㎝ 通长 35.7，通宽 8.1
Ⓢ 1970 年山西省石楼县罗村南沟出土
Ⓘ 2002 年

商 蛇首镂空柄铜匕

No 14110221800021000000393

藏 吕梁市博物馆

原 0026

级 一级

类 铜器

代 商

cm 通长 35.5，通宽 5

源 1975 年山西省吕梁地区石楼县褚家峪
村出土

入 2002 年

商 网纹蛇首双坠铜勺

No 14110221800021000000397

藏 吕梁市博物馆

原 0028

级 一级

类 铜器

代 商

cm 通长 11

源 1976 年山西省吕梁地区石楼县曹家垣村出土

入 2002 年

商 葫芦形坠铜勺

- **No** 1411022180002100001141
- **藏** 吕梁市博物馆
- **原** 0029
- **级** 一级
- **类** 铜器
- **代** 商
- **cm** 通长 11
- **源** 1976 年山西省吕梁地区石楼县曹家垣村出土
- **入** 2002 年

商　靴形铜器

No 14110221800021000011142

藏 吕梁市博物馆

原 0030

级 一级

类 铜器

代 商

cm 通高 6.3

源 1978 年山西省吕梁地区柳林县高红村
出土

入 2002 年

商 铜胄

No 1411022180002100000380

藏 吕梁市博物馆

原 0031

级 一级

类 铜器

代 商

cm 通高 19

源 1978 年山西省吕梁地区柳林县高红村
出土

入 2002 年

商 璜形铜饰

No 1411022180002100000569

藏 吕梁市博物馆

原 0039

级 一级

类 铜器

代 商

cm 通高 14

源 1975 年山西省吕梁地区石楼县褚家峪
村出土

入 2002 年

秦 蒜头铜扁壶

No 14112421800001000001252

藏 临县文物保护中心

原 00022

级 一级

类 铜器

代 秦

cm 通高 29，通宽 32.8

源 1983 年山西省吕梁地区临县石白乡曹峪坪村出土

入 1983 年

隋 开皇十五年青釉花卉纹高足盘

No 14118221800007000000014

藏 汾阳市博物馆

原 0299-1

级 一级

类 瓷器

代 隋开皇十五年（595）

cm 通高 9.1，口径 31，底径 17

源 1989 年山西省吕梁地区汾阳县北关村
隋墓发掘出土

入 1989 年

隋 开皇十五年青釉花卉纹高足盘

No 14118221800007000000014

藏 汾阳市博物馆

原 0299-2

级 一级

类 瓷器

代 隋开皇十五年（595）

cm 通高 9.1，口径 31，底径 17

源 1989 年山西省吕梁地区汾阳县北关村
隋墓发掘出土

入 1989 年

隋 开皇十五年青釉方座高柄灯

Ⓝ 14118221800000700000009

藏 汾阳市博物馆

原 0294-2

级 一级

类 瓷器

代 隋开皇十五年（595）

cm 通高 38，底宽 15.5

源 1989 年山西省吕梁地区汾阳县北关村
隋墓发掘出土

入 1989 年

隋 开皇十五年青釉带盖瓷罐

No 141182218000070000007

藏 汾阳市博物馆

原 0300-1

级 一级

类 瓷器

代 隋开皇十五年（595）

cm 通高 28.5，口径 17.3，底径 14.4

源 1989 年山西省吕梁地区汾阳县北关村
　　隋墓发掘出土

入 1989 年

隋 开皇十五年青釉带盖唾盂

No 14118221800000700000011

藏 汾阳市博物馆

原 0301

级 一级

类 瓷器

代 隋开皇十五年（595）

cm 通高 14.5，口径 8.5，底径 7.8

源 1989 年山西省吕梁地区汾阳县北关村
隋墓发掘出土

入 1989 年

隋 开皇十五年青釉矮足灯

No 14118221800007000000012

藏 汾阳市博物馆

原 0298

级 一级

类 瓷器

代 隋开皇十五年（595）

cm 通高 8.1，盘径 13.8，底径 8.1

源 1989 年山西省吕梁地区汾阳县北关村
隋墓发掘出土

入 1989 年

隋 开皇十五年青釉三系螭柄瓷壶

No 1411822180000700000008

藏 汾阳市博物馆

原 0297

级 一级

类 瓷器

代 隋开皇十五（595）

cm 通高 45.5，口径 12.9，底径 13

源 1989 年山西省吕梁地区汾阳县北关村
隋墓发掘出土

入 1989 年

隋 开皇十五年青釉带盖瓷罐

No 14118221800007000000007

藏 汾阳市博物馆

原 0300-2

级 一级

类 瓷器

代 隋开皇十五年（595）

cm 通高 28.5，口径 17.3，底径 14.4

源 1989 年山西省吕梁地区汾阳县北关村
隋墓发掘出土

入 1989 年

唐 青釉四系龙柄鸡首瓷壶

No 14118221800007000001149

藏 汾阳市博物馆

原 1341

级 一级

类 瓷器

代 唐

cm 通高 41.2，口径 9.4，底径 13.2

源 2007 年山西省吕梁市汾阳市胜利路农修厂唐墓发掘出土

入 2007 年

宋 磁州窑白釉花卉纹腰形瓷枕

No 141182218000070000010

藏 汾阳市博物馆

原 0302

级 一级

类 瓷器

代 宋

cm 通高 14，通长 29，通宽 23.8

源 1990 年山西省吕梁地区汾阳市学院路
16 号 5 号墓发掘出土

入 1990 年

宋 绿釉荷花纹如意形瓷枕

No 14110221800025000000837

藏 离石区文物保护中心

原 191

级 一级

类 瓷器

代 宋

cm 通高 13，通长 27，通宽 19

源 旧藏

入 1987 年

辽 三彩剔花牡丹元宝形瓷枕

No 14110221800021000000106

藏 吕梁市博物馆

原 0117

级 一级

类 瓷器

代 辽

cm 通高 8，通长 25.9，通宽 19.8

源 旧藏

入 2002 年

元 黑釉剔花牡丹纹玉壶春瓶

No 14112522800000300000666

藏 柳林县文化和旅游局

原 B48

级 一级

类 瓷器

代 元

cm 通高 28.6，口径 7，底径 8.3

源 1994 年山西省吕梁地区柳林县杨家坪
元墓发掘出土

入 1994 年

元 延祐六年黑釉铁锈花腰鼓形瓷枕

No 1411022180002500000852

藏 离石区文物保护中心

原 185

级 一级

类 瓷器

代 元延祐六年（1319）

cm 通高 14.5，通长 24，通宽 17

源 旧藏

入 1987 年

元 延祐七年白釉褐花梅瓶

No 141182218000070000013

藏 汾阳市博物馆

原 0343

级 一级

类 瓷器

代 元延祐七年 (1320)

cm 通高 31.5，口径 4，底径 17

源 2001 年山西省吕梁地区汾阳市南关村

　　出土

入 2001 年

宋 三彩陶塔

No 1411212180000700000201

藏 文水县博物馆

原 A31

级 一级

类 陶器

代 宋

cm 通高 121

源 1990 年山西省吕梁地区文水县征集

入 1990 年

金 彩绘三层陶塔

- No 14110221800025000001288
- 藏 离石区文物保护中心
- 原 158
- 级 一级
- 类 陶器
- 代 金
- cm 通高 78，底径 32
- 源 1989 年山西省吕梁地区离石县马茂庄村发掘出土
- 入 1992 年

金 彩绘葫芦塔形陶罐

№ 14112521800003000000074

藏 柳林县文化和旅游局

原 D2

级 一级

类 陶器

代 金

cm 通高 74，底径 31

源 1994 年山西省吕梁地区柳林县八盘山村出土

入 1994 年

明 三彩龙纹蹲狮钮盖琉璃香炉

No 14110221800021000001137

藏 吕梁市博物馆

原 0359

级 一级

类 陶器

代 明

cm 通高 56.8，口径 23.5

源 1981 年山西省吕梁行署计委大楼工地
出土

入 1981 年

商 青玉戚

- No 14112521800003000000165
- 藏 柳林县文化和旅游局
- 原 C2
- 级 一级
- 类 玉石器、宝石
- 代 商
- cm 长 14.4，宽 14.5，厚 0.4
- 源 1986 年山西省吕梁地区柳林县八盘山村商墓发掘出土
- 入 1986 年

商 青玉三孔条形器

No 1411252180000300000164

藏 柳林县文化和旅游局

原 D2

级 一级

类 玉石器、宝石

代 商

cm 长 36.4，宽 3.2，厚 0.5

源 1986 年山西省吕梁地区柳林县八盘山
村商墓发掘出土

入 1986 年

汉"牛豹印信"兽钮铜印

- **No** 14110221800002500000843
- **藏** 离石区文物保护中心
- **原** 147
- **级** 一级
- **类** 玺印符牌
- **代** 汉
- **cm** 通高 4，边长 2.5
- **源** 1993 年山西省吕梁地区离石县马茂庄村汉墓发掘出土
- **入** 1993 年

隋 开皇十五年梅渊墓志

- No 14118221800000700000015
- 藏 汾阳市博物馆
- 原 0468
- 级 一级
- 类 石器、石刻、砖瓦
- 代 隋开皇十五年（595）
- cm 通高 19.5，通长 53，通宽 53
- 源 1989 年山西省吕梁地区汾阳县北关村
  隋墓出土
- 入 1989 年

大隋隰城處士梅君墓誌

君諱淵字文觀九江壽春人也漢世仙人梅福即其後焉祖遜冠帶伊川卑來汾浦目兹厥後回佳西河孝家披褐懷玉藏名梅迹若勁麃俊齡幸每持名柔兼恭想積善無徵早送扬化手卅世開皇心重法妙年廿八卯八月丁亥朔廿三日己酉父李氏為醴信督鄉邑拾人不靈卒零其為並葬十五年歲次子曰永相繼雕物產不靈卒零其銘曰早蕣江漢英靈異世如論事主忠見賢思克隆則同武若實光源断谷清流嶺潤墻巍葉闢門肅禩實育家風景祖聞如濁訓馬如融復明回果妙蓬若空卉龍景恭八李若能闲通山川寒廓秋氣蒼芒蓬開舊兩樹逵咸慘一解歸嵩里逵迷蘭芳念非過隴開不傷傷

明 万历四十二年白衣观音菩萨鎏金铜坐像

No 141181218000030002976

藏 孝义市博物馆

原 4226

级 一级

类 雕塑、造像

代 明万历四十二年（1614）

cm 通高 150

源 1986 年山西省吕梁地区孝义县征集

入 1986 年

明 释迦牟尼佛铜坐像

- **No** 14112251900006s00001
- **藏** 交城县玄中寺
- **原** tf－0353
- **级** 一级
- **类** 雕塑、造像
- **代** 明
- **cm** 通高 40.1，像高 29.7，通宽 20.8
- **源** 拨交
- **入** 1964 年

明 释迦牟尼佛铜坐像

Ⓝ 14112251900006s00001

藏 交城县玄中寺

原 tf – 0126

级 一级

类 雕塑、造像

代 明

㎝ 通高 46.5，像高 36，通宽 40

源 拨交

入 1974 年

明 药师佛铜坐像

No 14112251900006s00001

藏 交城县玄中寺

原 tf－0221

级 一级

类 雕塑、造像

代 明

cm 通高 17.4，像高 13.4，通宽 13.5

源 拨交

入 1974 年

明 释迦牟尼佛铜坐像

- Ⓝ 14112251900006s00001
- Ⓐ 交城县玄中寺
- Ⓞ tf－0270
- Ⓖ 一级
- Ⓣ 雕塑、造像
- Ⓒ 明
- cm 通高 15.8，像高 11.8，通宽 10.8
- Ⓢ 拨交
- Ⓘ 1974 年

明 鎏金药师佛铜坐像

No 14112251900006s00001

藏 交城县玄中寺

原 tf － 0333

级 一级

类 雕塑、造像

代 明

cm 通高 17.2，像高 13.7，通宽 12.1

源 拨交

入 1974 年

明 如意观音铜坐像

No 14112251900006s00001

藏 交城县玄中寺

原 tf－0131

级 一级

类 雕塑、造像

代 明

cm 通高 40.4，像高 30.4，通宽 24

源 拨交

入 1964 年

明 鎏金释迦牟尼佛铜坐像

No 14112251900006s00001

藏 交城县玄中寺

原 tf－0334

级 一级

类 雕塑、造像

代 明

cm 通高 16.6，像高 13.1，通宽 11.5

源 拨交

入 1974 年

明 鎏金阿閦佛铜坐像

No 14112251900006s00001

藏 交城县玄中寺

原 tf－0415

级 一级

类 雕塑、造像

代 明

cm 通高 19.6，像高 15，通宽 12

源 拨交

入 1974 年

明 鎏金释迦牟尼佛铜坐像

No 14112251900006s00001

藏 交城县玄中寺

原 tf－0264

级 一级

类 雕塑、造像

代 明

cm 通高 18，像高 13.8，通宽 13

源 拨交

入 1974 年

明 阿弥陀佛铜坐像

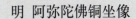

No 14112251900006s00001

藏 交城县玄中寺

原 tf－0133

级 一级

类 雕塑、造像

代 明

cm 通高 89，像高 66，通宽 50

源 拨交

入 1964 年

明 鎏金阿閦佛铜坐像

No 14112251900006s00001

藏 交城县玄中寺

原 tf – 0032

级 一级

类 雕塑、造像

代 明

cm 通高 46.5，像高 37，通宽 33

源 拨交

入 1974 年

明 毗卢遮那佛铜坐像

No 14112251900006s00001

藏 交城县玄中寺

原 tf－0134

级 一级

类 雕塑、造像

代 明

cm 通高 92，像高 60.6，通宽 43

源 拨交

入 1964 年

明 鎏金长寿佛铜坐像

Ⓝ 14112251900006s00001

藏 交城县玄中寺

原 tf－0074

级 一级

类 雕塑、造像

代 明

㎝ 通高 41.7，像高 32.5，通宽 34

源 拨交

入 1974 年

明 鎏金阿閦佛铜坐像

No 14112251900006s00001

藏 交城县玄中寺

原 tf－0386

级 一级

类 雕塑、造像

代 明

cm 通高 15.7，像高 12.3，通宽 11.8

源 拨交

入 1974 年

明 鎏金释迦牟尼佛铜坐像

No 14112251900006s00001

藏 交城县玄中寺

原 tf－0072

级 一级

类 雕塑、造像

代 明

cm 通高 37，像高 28.5，通宽 32

源 拨交

入 1974 年

明 观音菩萨铜坐像

- ⑩ 14112251900006s00001
- ㊥ 交城县玄中寺
- ㊐ tf－0130
- ㊉ 一级
- ㊪ 雕塑、造像
- ㊣ 明
- ㎝ 通高 39，像高 29.5，通宽 20
- ㊬ 拨交
- ㊤ 1974 年

明 嵌宝石镂空须弥莲座释迦牟尼
佛铜坐像

Ⓝ 14112251900006s00001

藏 交城县玄中寺

原 tf－0173

级 一级

类 雕塑、造像

代 明

㎝ 通高 31.2，像高 18.7，通宽 19.2

源 拨交

入 1964 年

明 鎏金释迦牟尼佛铜坐像

No 14112251900006s00001

藏 交城县玄中寺

原 tf – 0323

级 一级

类 雕塑、造像

代 明

cm 通高 17.6，像高 14.5，通宽 11.6

源 拨交

入 1974 年

明 嵌宝石弥勒铜坐像

No 14112251900006s00001

藏 交城县玄中寺

原 tf－0093

级 一级

类 雕塑、造像

代 明

cm 通高 47，像高 37.5，通宽 30

源 拨交

入 1974 年

明 普贤菩萨铜坐像

- Ⓝ 14112251900006s00001
- Ⓐ 交城县玄中寺
- Ⓞ tf－0139
- Ⓖ 一级
- Ⓣ 雕塑、造像
- Ⓓ 明
- ⓒⓜ 通高 26.8，像高 22.2，通宽 17.4
- Ⓢ 拨交
- Ⓡ 1964 年

清 鎏金长寿佛铜坐像

- No 14112251900006s00001
- 藏 交城县玄中寺
- 原 tf － 0079
- 级 一级
- 类 雕塑、造像
- 代 清
- cm 通高 37，像高 28.5，通宽 26
- 源 拨交
- 入 1974 年

清 鎏金释迦牟尼佛铜坐像

No 14112251900006s00001

藏 交城县玄中寺

原 tf－0205

级 一级

类 雕塑、造像

代 清

cm 通高 15.6，像高 12.6，通宽 11.2

源 拨交

入 1974 年

清 鎏金长寿佛铜坐像

No 14112251900006s00001

藏 交城县玄中寺

原 tf－0187

级 一级

类 雕塑、造像

代 清

cm 通高 29.1，像高 22.3，通宽 22.5

源 拨交

入 1974 年

清 鎏金长寿佛铜坐像

№ 14112251900006s00001
藏 交城县玄中寺
原 tf－0129
级 一级
类 雕塑、造像
代 清
cm 通高 33，像高 27，通宽 20
源 拨交
入 1974 年

清 鎏金长寿佛铜坐像

Ⓝ 14112251900006s00001

藏 交城县玄中寺

原 tf－0186

级 一级

类 雕塑、造像

代 清

㎝ 通高 36.8，像高 30.3，通宽 27.5

源 拨交

入 1974 年

清 鎏金长寿佛铜坐像

No 14112251900006s00001

藏 交城县玄中寺

原 tf－0128

级 一级

类 雕塑、造像

代 清

cm 通高 32.2，像高 26.4，通宽 20

源 拨交

入 1974 年

清 鎏金长寿佛铜坐像

No 14112251900006s00001

藏 交城县玄中寺

原 tf – 0007

级 一级

类 雕塑、造像

代 清

cm 通高 29.6，像高 22.8，通宽 21.8

源 拨交

入 1974 年

清 鎏金释迦牟尼佛铜坐像

No 14112251900006s00001

藏 交城县玄中寺

原 tf－0373

级 一级

类 雕塑、造像

代 清

cm 通高 16.3，像高 12.7，通宽 12.2

源 拨交

入 1974 年

清 鎏金旃檀佛铜立像

No 14112251900006s00001

藏 交城县玄中寺

原 tf－0073

级 一级

类 雕塑、造像

代 清

cm 通高 74.5，像高 68.5，通宽 32.5

源 拨交

入 1974 年

清 鎏金释迦牟尼佛铜坐像

- **No** 14112251900006s00001
- **藏** 交城县玄中寺
- **原** tf－0228
- **级** 一级
- **类** 雕塑、造像
- **代** 清
- **cm** 通高 15.9，像高 12.1，通宽 10.8
- **源** 拨交
- **入** 1974 年

清 鎏金长寿佛铜坐像

No 14112251900006s00001

藏 交城县玄中寺

原 tf－0075

级 一级

类 雕塑、造像

代 清

cm 通高 35.2，像高 29.1，通宽 22

源 拨交

入 1974 年

清 鎏金长寿佛铜坐像

No 14112251900006s00001

藏 交城县玄中寺

原 tf－0136

级 一级

类 雕塑、造像

代 清

cm 通高 37.4，像高 30.9，通宽 27

源 拨交

入 1974 年

清 鎏金释迦牟尼佛铜坐像

No 14112251900006s00001

藏 交城县玄中寺

原 tf－0227

级 一级

类 雕塑、造像

代 清

cm 通高 17.1，像高 13.3，通宽 11.3

源 拨交

入 1974 年

清 鎏金长寿佛铜坐像

No 14112251900006s00001

藏 交城县玄中寺

原 tf－0006

级 一级

类 雕塑、造像

代 清

cm 通高 36.9，像高 30.4，通宽 27.8

源 拨交

入 1974 年

清 阿閦佛铜坐像

- **No** 14112251900006s00001
- **藏** 交城县玄中寺
- **原** tf－0071
- **级** 一级
- **类** 雕塑、造像
- **代** 清
- **cm** 通高 33.3，像高 20.5，通宽 27.5
- **源** 拨交
- **入** 1974 年

金 正隆四年澄泥抄手砚

No 14118221800007000000379

藏 汾阳市博物馆

原 1454

级 一级

类 文具

代 金正隆四年（1159）

cm 通长 16.6，通宽 10，厚 3

源 2008 年山西省吕梁市汾阳市汾孝大道
　　东龙观 M40 出土

入 2009 年

金 皮腔纸影壁画

No 141181218000030002967

藏 孝义市博物馆

原 4229

级 一级

类 其他

代 金

cm 通长 9，通宽 4.5

源 1984 年山西省吕梁地区孝义市驿马乡
榆树坪征集

入 1984 年

明 玉皇大帝皮影捎子

No 141181218000030000091

藏 孝义市博物馆

原 585

级 一级

类 其他

代 明

cm 通高 12，通宽 10.5

源 1986 年山西省吕梁地区孝义县文化馆
征集

入 1986 年

明 周文王皮影捎子

- **No** 141181218000030000002
- **藏** 孝义市博物馆
- **原** 586
- **级** 一级
- **类** 其他
- **代** 明
- **cm** 通高 15.7，通宽 10.5
- **源** 1986 年山西省吕梁地区孝义县文化馆
  征集
- **入** 1986 年

明 周武王皮影捎子

- **No** 14118121800003000000089
- **藏** 孝义市博物馆
- **原** 587
- **级** 一级
- **类** 其他
- **代** 明
- **cm** 通高 10.5，通宽 7.5
- **源** 1986 年山西省吕梁地区孝义县文化馆
  征集
- **入** 1986 年

明 洪钧老祖皮影捎子

- **No** 14118121800003000000092
- **藏** 孝义市博物馆
- **原** 588
- **级** 一级
- **类** 其他
- **代** 明
- **cm** 通高 10，通宽 8.5
- **源** 1986 年山西省吕梁地区孝义县文化馆
  征集
- **入** 1986 年

明 大教主老子皮影捎子

- No 14118121800003000000005
- 藏 孝义市博物馆
- 原 589
- 级 一级
- 类 其他
- 代 明
- cm 通高 15.5，通宽 8
- 源 1986 年山西省吕梁地区孝义县文化馆征集
- 入 1986 年

明 元始天尊皮影捎子

- No 14118121800003000000003
- 藏 孝义市博物馆
- 原 590
- 级 一级
- 类 其他
- 代 明
- cm 通高 15.5，通宽 8
- 源 1986 年山西省吕梁地区孝义县文化馆征集
- 入 1986 年

明 通天教主皮影捎子

- No 14118121800003000000006
- 藏 孝义市博物馆
- 原 591
- 级 一级
- 类 其他
- 代 明
- cm 通高 14，通宽 9
- 源 1986 年山西省吕梁地区孝义县文化馆征集
- 入 1986 年

明 燃灯佛皮影捎子

- No 14118121800000300000086
- 藏 孝义市博物馆
- 原 592
- 级 一级
- 类 其他
- 代 明
- cm 通高 11.5，通宽 11
- 源 1986 年山西省吕梁地区孝义县文化馆
  征集
- 入 1986 年

明 姜子牙皮影捎子

- No 14118121800000300000087
- 藏 孝义市博物馆
- 原 593
- 级 一级
- 类 其他
- 代 明
- cm 通高 11，通宽 9.5
- 源 1986 年山西省吕梁地区孝义县文化馆
  征集
- 入 1986 年

明 寿星皮影捎子

- No 14118121800000300000085
- 藏 孝义市博物馆
- 原 594
- 级 一级
- 类 其他
- 代 明
- cm 通高 13.6，通宽 9
- 源 1986 年山西省吕梁地区孝义县文化馆
  征集
- 入 1986 年

明 寿星皮影捎子

Ⓝ 14118121800000300000084
藏 孝义市博物馆
原 595
级 一级
类 其他
代 明
㎝ 通高 13.5，通宽 9
源 1986 年山西省吕梁地区孝义县文化馆
　　征集
入 1986 年

明 西岐太子姬发皮影捎子

Ⓝ 14118121800000300000083
藏 孝义市博物馆
原 596
级 一级
类 其他
代 明
㎝ 通高 9.7，通宽 9.5
源 1986 年山西省吕梁地区孝义县文化馆
　　征集
入 1986 年

明 二郎神杨戬皮影捎子

Ⓝ 14118121800000300000082
藏 孝义市博物馆
原 597
级 一级
类 其他
代 明
㎝ 通高 11.2，通宽 8.7
源 1986 年山西省吕梁地区孝义县文化馆
　　征集
入 1986 年

明 哪吒皮影捎子

- No 14118121800003 00000004
- 藏 孝义市博物馆
- 原 598
- 级 一级
- 类 其他
- 代 明
- cm 通高 9.5，通宽 7.2
- 源 1986 年山西省吕梁地区孝义县文化馆
  征集
- 入 1986 年

明 东北侯皮影捎子

- No 14118121800003 00000088
- 藏 孝义市博物馆
- 原 599
- 级 一级
- 类 其他
- 代 明
- cm 通高 12，通宽 12
- 源 1986 年山西省吕梁地区孝义县文化馆
  征集
- 入 1986 年

明 比干皮影捎子

- No 14118121800003 00000090
- 藏 孝义市博物馆
- 原 600
- 级 一级
- 类 其他
- 代 明
- cm 通高 11.7，通宽 7.5
- 源 1986 年山西省吕梁地区孝义县文化馆
  征集
- 入 1986 年

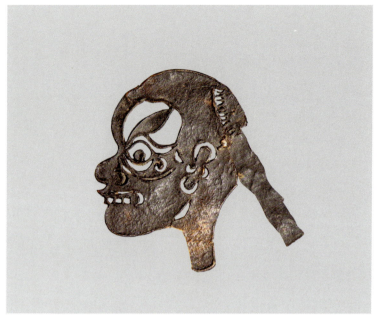

明 薛恶虎皮影捎子

- Ⓝ 1411812180000300000081
- 藏 孝义市博物馆
- 原 601
- 级 一级
- 类 其他
- 代 明
- cm 通高 8.5，通宽 6
- 源 1986 年山西省吕梁地区孝义县文化馆
  征集
- 入 1986 年

明 杨仁皮影捎子

- Ⓝ 1411812180000300000080
- 藏 孝义市博物馆
- 原 602
- 级 一级
- 类 其他
- 代 明
- cm 通高 9.5，通宽 10.2
- 源 1986 年山西省吕梁地区孝义县文化馆
  征集
- 入 1986 年

明 杨仁皮影捎子

- Ⓝ 1411812180000300000079
- 藏 孝义市博物馆
- 原 603
- 级 一级
- 类 其他
- 代 明
- cm 通高 11，通宽 11.5
- 源 1986 年山西省吕梁地区孝义县文化馆
  征集
- 入 1986 年

明 比干皮影揢子

Ⓝ 14118121800003000000078

藏 孝义市博物馆

原 604

级 一级

类 其他

代 明

㎝ 通高 10.7，通宽 9

源 1986 年山西省吕梁地区孝义县文化馆
征集

入 1986 年

明 黄明皮影揢子

Ⓝ 14118121800003000000077

藏 孝义市博物馆

原 605

级 一级

类 其他

代 明

㎝ 通高 12，通宽 8.5

源 1986 年山西省吕梁地区孝义县文化馆
征集

入 1986 年

明 五贤牌赵明亮皮影揢子

Ⓝ 14118121800003000000067

藏 孝义市博物馆

原 606

级 一级

类 其他

代 明

㎝ 通高 13.1，通宽 9

源 1986 年山西省吕梁地区孝义县文化馆
征集

入 1986 年

明 古佛皮影捎子

Ⓝ 1411812180000300000069
Ⓐ 孝义市博物馆
Ⓞ 607
Ⓖ 一级
Ⓣ 其他
Ⓓ 明
⬚ 通高 10.4，通宽 7.3
Ⓢ 1986 年山西省吕梁地区孝义县文化馆
征集
Ⓡ 1986 年

明 《封神榜》邓九公皮影捎子

Ⓝ 1411812180000300000070
Ⓐ 孝义市博物馆
Ⓞ 608
Ⓖ 一级
Ⓣ 其他
Ⓓ 明
⬚ 通高 13，通宽 9
Ⓢ 1986 年山西省吕梁地区孝义县文化馆
征集
Ⓡ 1986 年

明 《封神榜》赵公明皮影捎子

Ⓝ 1411812180000300000072
Ⓐ 孝义市博物馆
Ⓞ 609
Ⓖ 一级
Ⓣ 其他
Ⓓ 明
⬚ 通高 11.5，通宽 10.7
Ⓢ 1986 年山西省吕梁地区孝义县文化馆
征集
Ⓡ 1986 年

明《封神榜》黄天化皮影捎子

- No 1411812180000300000073
- 藏 孝义市博物馆
- 原 610
- 级 一级
- 类 其他
- 代 明
- cm 通高 12，通宽 11
- 源 1986 年山西省吕梁地区孝义县文化馆
  征集
- 入 1986 年

明 太师闻仲皮影捎子

- No 1411812180000300000074
- 藏 孝义市博物馆
- 原 611
- 级 一级
- 类 其他
- 代 明
- cm 通高 11，通宽 10
- 源 1986 年山西省吕梁地区孝义县文化馆
  征集
- 入 1986 年

明 太师闻仲皮影捎子

- No 1411812180000300000076
- 藏 孝义市博物馆
- 原 612
- 级 一级
- 类 其他
- 代 明
- cm 通高 11，通宽 10
- 源 1986 年山西省吕梁地区孝义县文化馆
  征集
- 入 1986 年

明 黄天祥皮影捎子

- No 1411812180000300000075
- 藏 孝义市博物馆
- 原 613
- 级 一级
- 类 其他
- 代 明
- cm 通高 12.2，通宽 8
- 源 1986 年山西省吕梁地区孝义县文化馆征集
- 入 1986 年

明 张贵芳皮影捎子

- No 1411812180000300000030
- 藏 孝义市博物馆
- 原 614
- 级 一级
- 类 其他
- 代 明
- cm 通高 11.3，通宽 11.3
- 源 1986 年山西省吕梁地区孝义县文化馆征集
- 入 1986 年

明 阎王皮影捎子

- No 1411812180000300000021
- 藏 孝义市博物馆
- 原 615
- 级 一级
- 类 其他
- 代 明
- cm 通高 11.4，通宽 10
- 源 1986 年山西省吕梁地区孝义县文化馆征集
- 入 1986 年

明 状元皮影捎子

Ⓝ 141181218000030000000033
Ⓐ 孝义市博物馆
Ⓞ 616
Ⓖ 一级
Ⓣ 其他
Ⓒ 明
㎝ 通高 10，通宽 11
Ⓢ 1986 年山西省吕梁地区孝义县文化馆
　　征集
Ⓘ 1986 年

明 纣王皮影捎子

Ⓝ 141181218000030000000032
Ⓐ 孝义市博物馆
Ⓞ 617
Ⓖ 一级
Ⓣ 其他
Ⓒ 明
㎝ 通高 10.4，通宽 9
Ⓢ 1986 年山西省吕梁地区孝义县文化馆
　　征集
Ⓘ 1986 年

明 披发子纣王皮影捎子

Ⓝ 141181218000030000000034
Ⓐ 孝义市博物馆
Ⓞ 618
Ⓖ 一级
Ⓣ 其他
Ⓒ 明
㎝ 通高 9.8，通宽 7.5
Ⓢ 1986 年山西省吕梁地区孝义县文化馆
　　征集
Ⓘ 1986 年

明 熊申祖皮影捎子

No 14118121800003000000025
藏 孝义市博物馆
原 619
级 一级
类 其他
代 明
cm 通高 10.5，通宽 12
源 1986 年山西省吕梁地区孝义县文化馆征集
入 1986 年

明 昆仑山赵公明皮影捎子

No 14118121800003000000019
藏 孝义市博物馆
原 620
级 一级
类 其他
代 明
cm 通高 12，通宽 12
源 1986 年山西省吕梁地区孝义县文化馆征集
入 1986 年

明 入朝后赵公明皮影捎子

No 14118121800003000000015
藏 孝义市博物馆
原 621
级 一级
类 其他
代 明
cm 通高 10.2，通宽 9
源 1986 年山西省吕梁地区孝义县文化馆征集
入 1986 年

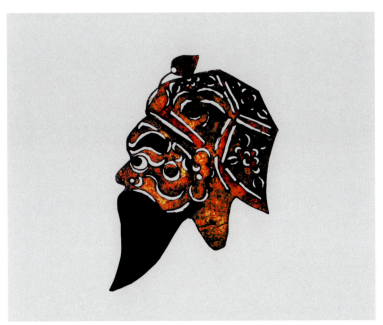

明 赵公明皮影挡子

- Ⓝ 1411812180000300000023
- 藏 孝义市博物馆
- 原 622
- 级 一级
- 类 其他
- 代 明
- ㎝ 通高 10.2，通宽 9
- 源 1986 年山西省吕梁地区孝义县文化馆
  征集
- 入 1986 年

明 赵公明皮影挡子

- Ⓝ 1411812180000300000017
- 藏 孝义市博物馆
- 原 623
- 级 一级
- 类 其他
- 代 明
- ㎝ 通高 11，通宽 10
- 源 1986 年山西省吕梁地区孝义县文化馆
  征集
- 入 1986 年

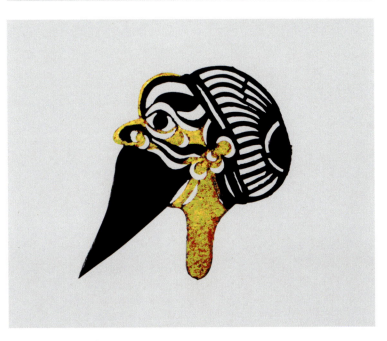

明 披发子赵公明皮影挡子

- Ⓝ 1411812180000300002965
- 藏 孝义市博物馆
- 原 624
- 级 一级
- 类 其他
- 代 明
- ㎝ 通高 9.4，通宽 10.5
- 源 1986 年山西省吕梁地区孝义县文化馆
  征集
- 入 1986 年

明 赵公明皮影捎子

- Ⓝ 14118121800000300000016
- 藏 孝义市博物馆
- 原 625
- 级 一级
- 类 其他
- 代 明
- cm 通高 9，通宽 9.5
- 源 1986 年山西省吕梁地区孝义县文化馆
  征集
- 入 1986 年

明 金化王皮影捎子

- Ⓝ 14118121800000300000035
- 藏 孝义市博物馆
- 原 626
- 级 一级
- 类 其他
- 代 明
- cm 通高 11，通宽 10.2
- 源 1986 年山西省吕梁地区孝义县文化馆
  征集
- 入 1986 年

明 金化太子皮影捎子

- Ⓝ 14118121800000300000036
- 藏 孝义市博物馆
- 原 627
- 级 一级
- 类 其他
- 代 明
- cm 通高 11，通宽 13.5
- 源 1986 年山西省吕梁地区孝义县文化馆
  征集
- 入 1986 年

明 闻仲皮影捎子

- Ⓝ 141181218000003000000037
- 藏 孝义市博物馆
- 原 628
- 级 一级
- 类 其他
- 代 明
- ㎝ 通高 9.2，通宽 10.3
- 源 1986 年山西省吕梁地区孝义县文化馆
  征集
- 入 1986 年

明 费仲皮影捎子

- Ⓝ 141181218000003000000024
- 藏 孝义市博物馆
- 原 629
- 级 一级
- 类 其他
- 代 明
- ㎝ 通高 10.2，通宽 11.5
- 源 1986 年山西省吕梁地区孝义县文化馆
  征集
- 入 1986 年

明 大梁王皮影捎子

- Ⓝ 141181218000003000000020
- 藏 孝义市博物馆
- 原 630
- 级 一级
- 类 其他
- 代 明
- ㎝ 通高 10.7，通宽 7.5
- 源 1986 年山西省吕梁地区孝义县文化馆
  征集
- 入 1986 年

明 五贤牌大梁王皮影捎子

- No 1411812180000300000038
- 藏 孝义市博物馆
- 原 631
- 级 一级
- 类 其他
- 代 明
- cm 通高 10.7，通宽 8.1
- 源 1986 年山西省吕梁地区孝义县文化馆征集
- 入 1986 年

明 中军皮影捎子

- No 1411812180000300000039
- 藏 孝义市博物馆
- 原 632
- 级 一级
- 类 其他
- 代 明
- cm 通高 11.5，通宽 8.7
- 源 1986 年山西省吕梁地区孝义县文化馆征集
- 入 1986 年

明 纣王皮影捎子

- No 1411812180000300000040
- 藏 孝义市博物馆
- 原 633
- 级 一级
- 类 其他
- 代 明
- cm 通高 10.6，通宽 12.5
- 源 1986 年山西省吕梁地区孝义县文化馆征集
- 入 1986 年

明 大将马成龙皮影捎子

- No 1411812180000300000041
- 藏 孝义市博物馆
- 原 634
- 级 一级
- 类 其他
- 代 明
- cm 通高 12.5，通宽 10.7
- 源 1986 年山西省吕梁地区孝义县文化馆
  征集
- 入 1986 年

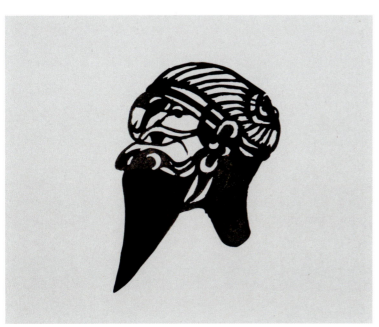

明 黄飞虎皮影捎子

- No 1411812180000300000042
- 藏 孝义市博物馆
- 原 635
- 级 一级
- 类 其他
- 代 明
- cm 通高 8.8，通宽 7.5
- 源 1986 年山西省吕梁地区孝义县文化馆
  征集
- 入 1986 年

明 鲁仁杰皮影捎子

- No 1411812180000300000043
- 藏 孝义市博物馆
- 原 636
- 级 一级
- 类 其他
- 代 明
- cm 通高 12.3，通宽 11.5
- 源 1986 年山西省吕梁地区孝义县文化馆
  征集
- 入 1986 年

明 上大夫梅伯皮影捎子

- No 1411812180000300000044
- 藏 孝义市博物馆
- 原 637
- 级 一级
- 类 其他
- 代 明
- cm 通高 9，通宽 11
- 源 1986 年山西省吕梁地区孝义县文化馆
  征集
- 入 1986 年

明 赵启发皮影捎子

- No 1411812180000300000046
- 藏 孝义市博物馆
- 原 638
- 级 一级
- 类 其他
- 代 明
- cm 通高 10，通宽 11
- 源 1986 年山西省吕梁地区孝义县文化馆
  征集
- 入 1986 年

明 上大夫赵启云皮影捎子

- No 1411812180000300000045
- 藏 孝义市博物馆
- 原 639
- 级 一级
- 类 其他
- 代 明
- cm 通高 11.3，通宽 9.5
- 源 1986 年山西省吕梁地区孝义县文化馆
  征集
- 入 1986 年

明 上大夫赵启云皮影捎子

No 14118121800000300000029

藏 孝义市博物馆

原 640

级 一级

类 其他

代 明

cm 通高 10，通宽 10.5

源 1986 年山西省吕梁地区孝义县文化馆
征集

入 1986 年

明 曹宝皮影捎子

No 14118121800000300000031

藏 孝义市博物馆

原 641

级 一级

类 其他

代 明

cm 通高 10.7，通宽 9.9

源 1986 年山西省吕梁地区孝义县文化馆
征集

入 1986 年

明 秦完十绝阵皮影捎子

No 14118121800000300000047

藏 孝义市博物馆

原 642

级 一级

类 其他

代 明

cm 通高 10.3，通宽 14

源 1986 年山西省吕梁地区孝义县文化馆
征集

入 1986 年

明 十绝阵张绍皮影捎子

No 14118121800003000000048
藏 孝义市博物馆
原 643
级 一级
类 其他
代 明
cm 通高 10.3，通宽 8
源 1986 年山西省吕梁地区孝义县文化馆
征集
入 1986 年

明 魔礼青皮影捎子

No 14118121800003000000049
藏 孝义市博物馆
原 644
级 一级
类 其他
代 明
cm 通高 12，通宽 9.2
源 1986 年山西省吕梁地区孝义县文化馆
征集
入 1986 年

明 魔礼海皮影捎子

No 14118121800003000000050
藏 孝义市博物馆
原 645
级 一级
类 其他
代 明
cm 通高 12.5，通宽 10
源 1986 年山西省吕梁地区孝义县文化馆
征集
入 1986 年

明 魔礼寿皮影捎子

No 14118121800000300000051

藏 孝义市博物馆

原 646

级 一级

类 其他

代 明

cm 通高 15.5，通宽 11.5

源 1986 年山西省吕梁地区孝义县文化馆
征集

入 1986 年

明 老店皮影捎子

No 14118121800000300000052

藏 孝义市博物馆

原 647

级 一级

类 其他

代 明

cm 通高 11.5，通宽 7.5

源 1986 年山西省吕梁地区孝义县文化馆
征集

入 1986 年

明 陈英皮影捎子

No 14118121800000300000053

藏 孝义市博物馆

原 648

级 一级

类 其他

代 明

cm 通高 12.5，通宽 7.7

源 1986 年山西省吕梁地区孝义县文化馆
征集

入 1986 年

明 上大夫商容皮影揹子

- No 1411812180000300000054
- 藏 孝义市博物馆
- 原 649
- 级 一级
- 类 其他
- 代 明
- cm 通高 9.1，通宽 7.9
- 源 1986 年山西省吕梁地区孝义县文化馆征集
- 入 1986 年

明 洪钧老祖皮影揹子

- No 1411812180000300000058
- 藏 孝义市博物馆
- 原 650
- 级 一级
- 类 其他
- 代 明
- cm 通高 8.5，通宽 7.2
- 源 1986 年山西省吕梁地区孝义县文化馆征集
- 入 1986 年

明 三木义真人皮影揹子

- No 1411812180000300000055
- 藏 孝义市博物馆
- 原 651
- 级 一级
- 类 其他
- 代 明
- cm 通高 12.7，通宽 8.5
- 源 1986 年山西省吕梁地区孝义县文化馆征集
- 入 1986 年

明 天棹真人皮影捎子

- No 14118121800003000000057
- 藏 孝义市博物馆
- 原 652
- 级 一级
- 类 其他
- 代 明
- cm 通高 12，通宽 7.8
- 源 1986 年山西省吕梁地区孝义县文化馆
  征集
- 入 1986 年

明 玄帝真人皮影捎子

- No 14118121800003000000056
- 藏 孝义市博物馆
- 原 653
- 级 一级
- 类 其他
- 代 明
- cm 通高 12，通宽 8.4
- 源 1986 年山西省吕梁地区孝义县文化馆
  征集
- 入 1986 年

明 水草真人皮影捎子

- No 14118121800003000000059
- 藏 孝义市博物馆
- 原 654
- 级 一级
- 类 其他
- 代 明
- cm 通高 13.3，通宽 9
- 源 1986 年山西省吕梁地区孝义县文化馆
  征集
- 入 1986 年

明 东方教主准提皮影捎子

- Ⓝ 1411812180000300000060
- 藏 孝义市博物馆
- 原 655
- 级 一级
- 类 其他
- 代 明
- cm 通高 13.2，通宽 8.7
- 源 1986 年山西省吕梁地区孝义县文化馆征集
- 入 1986 年

明 西方接引皮影捎子

- Ⓝ 1411812180000300000061
- 藏 孝义市博物馆
- 原 656
- 级 一级
- 类 其他
- 代 明
- cm 通高 13，通宽 8.7
- 源 1986 年山西省吕梁地区孝义县文化馆征集
- 入 1986 年

明 十绝阵董全皮影捎子

- Ⓝ 1411812180000300000062
- 藏 孝义市博物馆
- 原 657
- 级 一级
- 类 其他
- 代 明
- cm 通高 9.7，通宽 8
- 源 1986 年山西省吕梁地区孝义县文化馆征集
- 入 1986 年

明 十绝阵秦虎人皮影捎子

Ⓝ 141181218000030000000063

Ⓐ 孝义市博物馆

Ⓞ 659

Ⓖ 一级

Ⓣ 其他

Ⓒ 明

㎝ 通高 10.5，通宽 7.7

Ⓢ 1986 年山西省吕梁地区孝义县文化馆
征集

Ⓘ 1986 年

明 慈航道人皮影捎子

Ⓝ 141181218000030000000064

Ⓐ 孝义市博物馆

Ⓞ 660

Ⓖ 一级

Ⓣ 其他

Ⓒ 明

㎝ 通高 10，通宽 8.5

Ⓢ 1986 年山西省吕梁地区孝义县文化馆
征集

Ⓘ 1986 年

明 普贤真人皮影捎子

Ⓝ 141181218000030000000065

Ⓐ 孝义市博物馆

Ⓞ 661

Ⓖ 一级

Ⓣ 其他

Ⓒ 明

㎝ 通高 9.7，通宽 8.3

Ⓢ 1986 年山西省吕梁地区孝义县文化馆
征集

Ⓘ 1986 年

明 文殊广法天尊皮影揹子

Ⓝ 141181218000003000000066

藏 孝义市博物馆

原 662

级 一级

类 其他

代 明

㎝ 通高 9.8，通宽 8

源 1986 年山西省吕梁地区孝义县文化馆
征集

入 1986 年

明 孙膑皮影揹子

Ⓝ 141181218000003000000068

藏 孝义市博物馆

原 663

级 一级

类 其他

代 明

㎝ 通高 11，通宽 8.5

源 1986 年山西省吕梁地区孝义县文化馆
征集

入 1986 年

明 道行天尊皮影揹子

Ⓝ 141181218000003000000071

藏 孝义市博物馆

原 664

级 一级

类 其他

代 明

㎝ 通高 10.5，通宽 8.5

源 1986 年山西省吕梁地区孝义县文化馆
征集

入 1986 年

明 广成子皮影捎子

- No 1411812180000300001147
- 藏 孝义市博物馆
- 原 665
- 级 一级
- 类 其他
- 代 明
- cm 通高 9，通宽 8.2
- 源 1986 年山西省吕梁地区孝义县文化馆征集
- 入 1986 年

明 太乙真人皮影捎子

- No 1411812180000300001104
- 藏 孝义市博物馆
- 原 666
- 级 一级
- 类 其他
- 代 明
- cm 通高 8.5，通宽 6
- 源 1986 年山西省吕梁地区孝义县文化馆征集
- 入 1986 年

明 玉鼎真人皮影捎子

- No 1411812180000300001265
- 藏 孝义市博物馆
- 原 667
- 级 一级
- 类 其他
- 代 明
- cm 通高 10.1，通宽 8
- 源 1986 年山西省吕梁地区孝义县文化馆征集
- 入 1986 年

明 燃灯佛皮影捎子

Ⓝ 14118121800003000011102
🅐 孝义市博物馆
Ⓞ 668
Ⓖ 一级
Ⓣ 其他
Ⓒ 明
㎝ 通高11，通宽8.5
Ⓢ 1986年山西省吕梁地区孝义县文化馆
征集
Ⓘ 1986年

明 黄龙真人皮影捎子

Ⓝ 14118121800003000011107
🅐 孝义市博物馆
Ⓞ 669
Ⓖ 一级
Ⓣ 其他
Ⓒ 明
㎝ 通高9.2，通宽8.7
Ⓢ 1986年山西省吕梁地区孝义县文化馆
征集
Ⓘ 1986年

明 灵宝大师皮影捎子

Ⓝ 14118121800003000011090
🅐 孝义市博物馆
Ⓞ 670
Ⓖ 一级
Ⓣ 其他
Ⓒ 明
㎝ 通高10.5，通宽8.3
Ⓢ 1986年山西省吕梁地区孝义县文化馆
征集
Ⓘ 1986年

明 玉鼎真人皮影捎子

No 14118121800003000001110

藏 孝义市博物馆

原 671

级 一级

类 其他

代 明

cm 通高 9.6，通宽 8.2

源 1986 年山西省吕梁地区孝义县文化馆
征集

入 1986 年

明 惧留孙皮影捎子

No 14118121800003000001093

藏 孝义市博物馆

原 672

级 一级

类 其他

代 明

cm 通高 9，通宽 9

源 1986 年山西省吕梁地区孝义县文化馆
征集

入 1986 年

明 赤精子皮影捎子

No 14118121800003000001096

藏 孝义市博物馆

原 673

级 一级

类 其他

代 明

cm 通高 10.5，通宽 9

源 1986 年山西省吕梁地区孝义县文化馆
征集

入 1986 年

明 赤精子皮影捎子

Ⓝ 14118121800003000001151
Ⓐ 孝义市博物馆
Ⓞ 674
Ⓖ 一级
Ⓒ 其他
Ⓓ 明
㎝ 通高 10.5，通宽 8.8
Ⓢ 1986 年山西省吕梁地区孝义县文化馆
征集
Ⓡ 1986 年

明 海潮道人皮影捎子

Ⓝ 14118121800003000001267
Ⓐ 孝义市博物馆
Ⓞ 675
Ⓖ 一级
Ⓒ 其他
Ⓓ 明
㎝ 通高 11，通宽 7.5
Ⓢ 1986 年山西省吕梁地区孝义县文化馆
征集
Ⓡ 1986 年

明 铁勃子余元皮影捎子

Ⓝ 14118121800003000001103
Ⓐ 孝义市博物馆
Ⓞ 676
Ⓖ 一级
Ⓒ 其他
Ⓓ 明
㎝ 通高 7.4，通宽 8.1
Ⓢ 1986 年山西省吕梁地区孝义县文化馆
征集
Ⓡ 1986 年

明 西昆仑陆牙皮影捎子

No 1411812180000300001153

藏 孝义市博物馆

原 677

级 一级

类 其他

代 明

cm 通高 9.7，通宽 8.5

源 1986 年山西省吕梁地区孝义县文化馆
征集

入 1986 年

明 四道高乾皮影捎子

No 1411812180000300001148

藏 孝义市博物馆

原 678

级 一级

类 其他

代 明

cm 通高 10.5，通宽 8.5

源 1986 年山西省吕梁地区孝义县文化馆
征集

入 1986 年

明 四道李兴霸皮影捎子

No 1411812180000300001145

藏 孝义市博物馆

原 679

级 一级

类 其他

代 明

cm 通高 10，通宽 8.5

源 1986 年山西省吕梁地区孝义县文化馆
征集

入 1986 年

明 四道王魔皮影捎子

No 1411812180000300001106

藏 孝义市博物馆

原 680

级 一级

类 其他

代 明

cm 通高 10.4，通宽 8.3

源 1986 年山西省吕梁地区孝义县文化馆征集

入 1986 年

明 大太子敖立元皮影捎子

No 1411812180000300001091

藏 孝义市博物馆

原 681

级 一级

类 其他

代 明

cm 通高 11，通宽 10.5

源 1986 年山西省吕梁地区孝义县文化馆征集

入 1986 年

明 普贤真人坐骑灵牙仙子皮影捎子

No 1411812180000300001098

藏 孝义市博物馆

原 682

级 一级

类 其他

代 明

cm 通高 10.7，通宽 7.2

源 1986 年山西省吕梁地区孝义县文化馆征集

入 1986 年

明 桃精高明皮影捎子

No 14118121800003000001097

藏 孝义市博物馆

原 683

级 一级

类 其他

代 明

cm 通高 11，通宽 8.2

源 1986 年山西省吕梁地区孝义县文化馆
征集

入 1986 年

明 十绝阵袁角皮影捎子

No 14118121800003000001094

藏 孝义市博物馆

原 684

级 一级

类 其他

代 明

cm 通高 8.7，通宽 8.8

源 1986 年山西省吕梁地区孝义县文化馆
征集

入 1986 年

明 十绝阵姚宾皮影捎子

No 14118121800003000001108

藏 孝义市博物馆

原 685

级 一级

类 其他

代 明

cm 通高 8.7，通宽 10.2

源 1986 年山西省吕梁地区孝义县文化馆
征集

入 1986 年

明 十绝阵姚宾皮影捎子

- No 14118121800000300001109
- 藏 孝义市博物馆
- 原 686
- 级 一级
- 类 其他
- 代 明
- cm 通高 9.7，通宽 9.5
- 源 1986 年山西省吕梁地区孝义县文化馆征集
- 入 1986 年

明 赤精子皮影捎子

- No 14118121800000300001105
- 藏 孝义市博物馆
- 原 687
- 级 一级
- 类 其他
- 代 明
- cm 通高 9.7，通宽 7.5
- 源 1986 年山西省吕梁地区孝义县文化馆征集
- 入 1986 年

明 申公豹皮影捎子

- No 14118121800000300001092
- 藏 孝义市博物馆
- 原 688
- 级 一级
- 类 其他
- 代 明
- cm 通高 10.1，通宽 8.5
- 源 1986 年山西省吕梁地区孝义县文化馆征集
- 入 1986 年

明 主崇皮影捎子

- No 1411812180000300001088
- 藏 孝义市博物馆
- 原 689
- 级 一级
- 类 其他
- 代 明
- cm 通高 10.7，通宽 8.8
- 源 1986 年山西省吕梁地区孝义县文化馆
  征集
- 入 1986 年

明 多宝道人皮影捎子

- No 1411812180000300001100
- 藏 孝义市博物馆
- 原 690
- 级 一级
- 类 其他
- 代 明
- cm 通高 8.6，通宽 8
- 源 1986 年山西省吕梁地区孝义县文化馆
  征集
- 入 1986 年

明 云中子皮影捎子

- No 1411812180000300001150
- 藏 孝义市博物馆
- 原 691
- 级 一级
- 类 其他
- 代 明
- cm 通高 8.8，通宽 8.7
- 源 1986 年山西省吕梁地区孝义县文化馆
  征集
- 入 1986 年

明 杨任皮影捎子

Ⓝ 1411812180000300001111

藏 孝义市博物馆

原 692

级 一级

类 其他

代 明

㎝ 通高 9.3，通宽 8.8

源 1986 年山西省吕梁地区孝义县文化馆
征集

入 1986 年

明 十绝阵孙良皮影捎子

Ⓝ 1411812180000300001099

藏 孝义市博物馆

原 693

级 一级

类 其他

代 明

㎝ 通高 10，通宽 8

源 1986 年山西省吕梁地区孝义县文化馆
征集

入 1986 年

明 野道皮影捎子

Ⓝ 1411812180000300001101

藏 孝义市博物馆

原 694

级 一级

类 其他

代 明

㎝ 通高 8.6，通宽 9.2

源 1986 年山西省吕梁地区孝义县文化馆
征集

入 1986 年

明 昆仑山陆牙道人皮影捎子

- Ⓝ 1411812180000300001087
- 藏 孝义市博物馆
- 原 695
- 级 一级
- 类 其他
- 代 明
- cm 通高 10.1，通宽 7.5
- 源 1986 年山西省吕梁地区孝义县文化馆
  征集
- 入 1986 年

明 哈将陈奇皮影捎子

- Ⓝ 1411812180000300001089
- 藏 孝义市博物馆
- 原 696
- 级 一级
- 类 其他
- 代 明
- cm 通高 10.7，通宽 7.1
- 源 1986 年山西省吕梁地区孝义县文化馆
  征集
- 入 1986 年

明 土行孙皮影捎子

- Ⓝ 1411812180000300001146
- 藏 孝义市博物馆
- 原 697
- 级 一级
- 类 其他
- 代 明
- cm 通高 7.2，通宽 7
- 源 1986 年山西省吕梁地区孝义县文化馆
  征集
- 入 1986 年

明 哼将郑伦皮影捎子

- No 1411812180000300001095
- 藏 孝义市博物馆
- 原 698
- 级 一级
- 类 其他
- 代 明
- cm 通高 7.6，通宽 7.3
- 源 1986 年山西省吕梁地区孝义县文化馆
  征集
- 入 1986 年

明 陆牙皮影捎子

- No 1411812180000300001183
- 藏 孝义市博物馆
- 原 699
- 级 一级
- 类 其他
- 代 明
- cm 通高 10.1，通宽 7
- 源 1986 年山西省吕梁地区孝义县文化馆
  征集
- 入 1986 年

明 徐盖皮影捎子

- No 1411812180000300001225
- 藏 孝义市博物馆
- 原 700
- 级 一级
- 类 其他
- 代 明
- cm 通高 10.3，通宽 10.3
- 源 1986 年山西省吕梁地区孝义县文化馆
  征集
- 入 1986 年

明 和尚皮影捎子

- No 14118121800003000001373
- 藏 孝义市博物馆
- 原 701
- 级 一级
- 类 其他
- 代 明
- cm 通高 8.6，通宽 7
- 源 1986 年山西省吕梁地区孝义县文化馆征集
- 入 1986 年

明 小和尚皮影捎子

- No 14118121800003000001255
- 藏 孝义市博物馆
- 原 702
- 级 一级
- 类 其他
- 代 明
- cm 通高 9.5，通宽 8.5
- 源 1986 年山西省吕梁地区孝义县文化馆征集
- 入 1986 年

明 沙僧皮影捎子

- No 14118121800003000001397
- 藏 孝义市博物馆
- 原 703
- 级 一级
- 类 其他
- 代 明
- cm 通高 9.5，通宽 8.5
- 源 1986 年山西省吕梁地区孝义县文化馆征集
- 入 1986 年

明 郑伦皮影捎子

- No 14118121800003000001228
- 藏 孝义市博物馆
- 原 704
- 级 一级
- 类 其他
- 代 明
- cm 通高 12.1，通宽 7
- 源 1986 年山西省吕梁地区孝义县文化馆征集
- 入 1986 年

明 韩毒龙皮影捎子

- No 14118121800003000001313
- 藏 孝义市博物馆
- 原 705
- 级 一级
- 类 其他
- 代 明
- cm 通高 9.8，通宽 7.2
- 源 1986 年山西省吕梁地区孝义县文化馆征集
- 入 1986 年

明 薛恶虎皮影捎子

- No 14118121800003000001282
- 藏 孝义市博物馆
- 原 706
- 级 一级
- 类 其他
- 代 明
- cm 通高 8.3，通宽 8
- 源 1986 年山西省吕梁地区孝义县文化馆征集
- 入 1986 年

明 姬发皮影揹子

- No 14118121800003000001188
- 藏 孝义市博物馆
- 原 707
- 级 一级
- 类 其他
- 代 明
- cm 通高 8.7，通宽 9
- 源 1986 年山西省吕梁地区孝义县文化馆
  征集
- 入 1986 年

明 古佛皮影揹子

- No 14118121800003000001318
- 藏 孝义市博物馆
- 原 708
- 级 一级
- 类 其他
- 代 明
- cm 通高 8.8，通宽 7
- 源 1986 年山西省吕梁地区孝义县文化馆
  征集
- 入 1986 年

明 道童皮影揹子

- No 14118121800003000001388
- 藏 孝义市博物馆
- 原 709
- 级 一级
- 类 其他
- 代 明
- cm 通高 9.5，通宽 6.1
- 源 1986 年山西省吕梁地区孝义县文化馆
  征集
- 入 1986 年

明 贾仕夫人皮影捎子

- No 141181218000030000 1366
- 藏 孝义市博物馆
- 原 710
- 级 一级
- 类 其他
- 代 明
- cm 通高 9.5，通宽 8.5
- 源 1986 年山西省吕梁地区孝义县文化馆
  征集
- 入 1986 年

明 姜皇后皮影捎子

- No 141181218000030000 1326
- 藏 孝义市博物馆
- 原 711
- 级 一级
- 类 其他
- 代 明
- cm 通高 9.2，通宽 8
- 源 1986 年山西省吕梁地区孝义县文化馆
  征集
- 入 1986 年

明 姐妃皮影捎子

- No 141181218000030000 1170
- 藏 孝义市博物馆
- 原 712
- 级 一级
- 类 其他
- 代 明
- cm 通高 9.2，通宽 8
- 源 1986 年山西省吕梁地区孝义县文化馆
  征集
- 入 1986 年

明 邓常玉皮影捎子

- **No** 1411812180000300001211
- **藏** 孝义市博物馆
- **原** 713
- **级** 一级
- **类** 其他
- **代** 明
- **cm** 通高 9.4，通宽 7.8
- **源** 1986 年山西省吕梁地区孝义县文化馆
  征集
- **入** 1986 年

明 金吒皮影捎子

- **No** 1411812180000300001395
- **藏** 孝义市博物馆
- **原** 714
- **级** 一级
- **类** 其他
- **代** 明
- **cm** 通高 9，通宽 7.8
- **源** 1986 年山西省吕梁地区孝义县文化馆
  征集
- **入** 1986 年

明 木吒皮影捎子

- **No** 1411812180000300001169
- **藏** 孝义市博物馆
- **原** 715
- **级** 一级
- **类** 其他
- **代** 明
- **cm** 通高 10.4，通宽 6.9
- **源** 1986 年山西省吕梁地区孝义县文化馆
  征集
- **入** 1986 年

明 汉仲高皮影捎子

- No 1411812180000300001354
- 藏 孝义市博物馆
- 原 716
- 级 一级
- 类 其他
- 代 明
- cm 通高 11.5，通宽 7.7
- 源 1986 年山西省吕梁地区孝义县文化馆 征集
- 入 1986 年

明 孙人皮影捎子

- No 1411812180000300001236
- 藏 孝义市博物馆
- 原 717
- 级 一级
- 类 其他
- 代 明
- cm 通高 9，通宽 8.5
- 源 1986 年山西省吕梁地区孝义县文化馆 征集
- 入 1986 年

明 金大圣皮影捎子

- No 1411812180000300001257
- 藏 孝义市博物馆
- 原 718
- 级 一级
- 类 其他
- 代 明
- cm 通高 10.6，通宽 10.7
- 源 1986 年山西省吕梁地区孝义县文化馆 征集
- 入 1986 年

明 灵牙山皮影掭子

No 14118121800003000001270

藏 孝义市博物馆

原 719

级 一级

类 其他

代 明

cm 通高 10.5，通宽 10.7

源 1986 年山西省吕梁地区孝义县文化馆
征集

入 1986 年

明 朱子真皮影掭子

No 14118121800003000001400

藏 孝义市博物馆

原 720

级 一级

类 其他

代 明

cm 通高 9，通宽 10.5

源 1986 年山西省吕梁地区孝义县文化馆
征集

入 1986 年

明 戴礼皮影掭子

No 14118121800003000001180

藏 孝义市博物馆

原 721

级 一级

类 其他

代 明

cm 通高 11.3，通宽 9.5

源 1986 年山西省吕梁地区孝义县文化馆
征集

入 1986 年

明 吴龙皮影捎子

- No 1411812180000300001215
- 藏 孝义市博物馆
- 原 722
- 级 一级
- 类 其他
- 代 明
- cm 通高 10.5，通宽 10.5
- 源 1986 年山西省吕梁地区孝义县文化馆征集
- 入 1986 年

明 常昊皮影捎子

- No 1411812180000300001329
- 藏 孝义市博物馆
- 原 723
- 级 一级
- 类 其他
- 代 明
- cm 通高 10.5，通宽 9
- 源 1986 年山西省吕梁地区孝义县文化馆征集
- 入 1986 年

明 金大圣皮影捎子

- No 1411812180000300001189
- 藏 孝义市博物馆
- 原 724
- 级 一级
- 类 其他
- 代 明
- cm 通高 9.5，通宽 10
- 源 1986 年山西省吕梁地区孝义县文化馆征集
- 入 1986 年

明 袁洪皮影捎子

- No 14118121800003000001203
- 藏 孝义市博物馆
- 原 725
- 级 一级
- 类 其他
- 代 明
- cm 通高 11，通宽 10
- 源 1986 年山西省吕梁地区孝义县文化馆征集
- 入 1986 年

明 闹东海大将余申皮影捎子

- No 14118121800003000001154
- 藏 孝义市博物馆
- 原 726
- 级 一级
- 类 其他
- 代 明
- cm 通高 11.3，通宽 9
- 源 1986 年山西省吕梁地区孝义县文化馆征集
- 入 1986 年

明 梅山狗精戴礼皮影捎子

- No 14118121800003000001201
- 藏 孝义市博物馆
- 原 727
- 级 一级
- 类 其他
- 代 明
- cm 通高 10.5，通宽 10
- 源 1986 年山西省吕梁地区孝义县文化馆征集
- 入 1986 年

明 大将王简皮影捎子

- № 141181218000030000001362
- 藏 孝义市博物馆
- 原 728
- 级 一级
- 类 其他
- 代 明
- cm 通高 13，通宽 9
- 源 1986 年山西省吕梁地区孝义县文化馆
  征集
- 入 1986 年

明 十绝阵赵坚皮影捎子

- № 141181218000030000001401
- 藏 孝义市博物馆
- 原 729
- 级 一级
- 类 其他
- 代 明
- cm 通高 13.5，通宽 7.2
- 源 1986 年山西省吕梁地区孝义县文化馆
  征集
- 入 1986 年

明 董荃皮影捎子

- № 141181218000030000001317
- 藏 孝义市博物馆
- 原 730
- 级 一级
- 类 其他
- 代 明
- cm 通高 11，通宽 9.4
- 源 1986 年山西省吕梁地区孝义县文化馆
  征集
- 入 1986 年

明 东海大将余申皮影捎子

Ⓝ 14118121800003000001386
藏 孝义市博物馆
原 731
级 一级
类 其他
代 明
㎝ 通高 9，通宽 12.6
源 1986 年山西省吕梁地区孝义县文化馆
　　征集
入 1986 年

明 例子皮影捎子

Ⓝ 14118121800003000001206
藏 孝义市博物馆
原 733
级 一级
类 其他
代 明
㎝ 通高 11.7，通宽 8
源 1986 年山西省吕梁地区孝义县文化馆
　　征集
入 1986 年

明 例子皮影捎子

Ⓝ 14118121800003000001269
藏 孝义市博物馆
原 734
级 一级
类 其他
代 明
㎝ 通高 9.5，通宽 10
源 1986 年山西省吕梁地区孝义县文化馆
　　征集
入 1986 年

明 高明皮影捎子

- No 14118121800003000001367
- 藏 孝义市博物馆
- 原 735
- 级 一级
- 类 其他
- 代 明
- cm 通高 10.5，通宽 12
- 源 1986 年山西省吕梁地区孝义县文化馆
  征集
- 入 1986 年

明 高觉皮影捎子

- No 14118121800003000001411
- 藏 孝义市博物馆
- 原 736
- 级 一级
- 类 其他
- 代 明
- cm 通高 10.6，通宽 11
- 源 1986 年山西省吕梁地区孝义县文化馆
  征集
- 入 1986 年

明 陆牙皮影捎子

- No 14118121800003000001413
- 藏 孝义市博物馆
- 原 737
- 级 一级
- 类 其他
- 代 明
- cm 通高 9，通宽 12.2
- 源 1986 年山西省吕梁地区孝义县文化馆
  征集
- 入 1986 年

明 唐三藏皮影捎子

- No 14118121800003000001198
- 藏 孝义市博物馆
- 原 738
- 级 一级
- 类 其他
- 代 明
- cm 通高 9.4，通宽 8.8
- 源 1986 年山西省吕梁地区孝义县文化馆征集
- 入 1986 年

明 猪八戒皮影捎子

- No 14118121800003000001295
- 藏 孝义市博物馆
- 原 739
- 级 一级
- 类 其他
- 代 明
- cm 通高 8，通宽 12
- 源 1986 年山西省吕梁地区孝义县文化馆征集
- 入 1986 年

明 沙僧皮影捎子

- No 14118121800003000001190
- 藏 孝义市博物馆
- 原 740
- 级 一级
- 类 其他
- 代 明
- cm 通高 9，通宽 8.5
- 源 1986 年山西省吕梁地区孝义县文化馆征集
- 入 1986 年

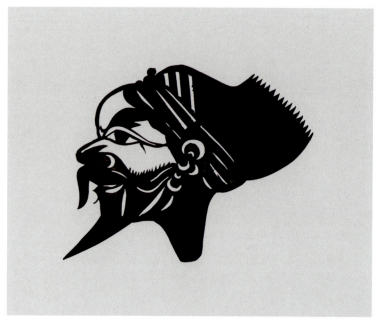

明 店小二皮影捎子

- No 14118121800003000001260
- 藏 孝义市博物馆
- 原 741
- 级 一级
- 类 其他
- 代 明
- cm 通高 11.5，通宽 9
- 源 1986 年山西省吕梁地区孝义县文化馆征集
- 入 1986 年

明 杨显皮影捎子

- No 14118121800003000001361
- 藏 孝义市博物馆
- 原 742
- 级 一级
- 类 其他
- 代 明
- cm 通高 10.5，通宽 10
- 源 1986 年山西省吕梁地区孝义县文化馆征集
- 入 1986 年

明 韩德龙皮影捎子

- No 14118121800003000001163
- 藏 孝义市博物馆
- 原 743
- 级 一级
- 类 其他
- 代 明
- cm 通高 8.5，通宽 9
- 源 1986 年山西省吕梁地区孝义县文化馆征集
- 入 1986 年

明 小和尚皮影捎子

Ⓝ 1411812180000300001403
藏 孝义市博物馆
原 744
级 一级
类 其他
代 明
㎝ 通高 7.3，通宽 6.5
源 1986 年山西省吕梁地区孝义县文化馆
　 征集
入 1986 年

明 轿夫皮影捎子

Ⓝ 1411812180000300001330
藏 孝义市博物馆
原 745
级 一级
类 其他
代 明
㎝ 通高 10，通宽 8
源 1986 年山西省吕梁地区孝义县文化馆
　 征集
入 1986 年

明 通天教主皮影披水

No 141181218000003000001378

藏 孝义市博物馆

原 950

级 一级

类 其他

代 明

cm 通高 36

源 1986 年山西省吕梁地区孝义县文化馆
征集

入 1986 年

明 元始天尊皮影披水

No 14118121800003000001239

藏 孝义市博物馆

原 951

级 一级

类 其他

代 明

cm 通高 33

源 1986 年山西省吕梁地区孝义县文化馆
征集

入 1986 年

明 风发神皮影披水

No 14118121800000300001365

藏 孝义市博物馆

原 952

级 一级

类 其他

代 明

cm 通高 40

源 1986 年山西省吕梁地区孝义县文化馆
征集

入 1986 年

明 姜皇后皮影披水

No 141181218000030000 1374

藏 孝义市博物馆

原 953

级 一级

类 其他

代 明

cm 通高 32

源 1986 年山西省吕梁地区孝义县文化馆
征集

入 1986 年

明 纣王皮影披水

No 14118121800003000001222

藏 孝义市博物馆

原 954

级 一级

类 其他

代 明

cm 通高 35

源 1986 年山西省吕梁地区孝义县文化馆
征集

入 1986 年

明 燃灯道人皮影披水

No 14118121800003000001116

藏 孝义市博物馆

原 955

级 一级

类 其他

代 明

cm 通高 32.5

源 1986 年山西省吕梁地区孝义县文化馆
征集

入 1986 年

明 黄滚皮影披水

No 141181218000003000001248

藏 孝义市博物馆

原 956

级 一级

类 其他

代 明

cm 通高 35

源 1986 年山西省吕梁地区孝义县文化馆
　　征集

入 1986 年

明 慈航道人皮影披水

No 14118121800003000001266

藏 孝义市博物馆

原 957

级 一级

类 其他

代 明

cm 通高 33.5

源 1986 年山西省吕梁地区孝义县文化馆
征集

入 1986 年

明 姜太公皮影披水

- No 141181218000030000 1399
- 藏 孝义市博物馆
- 原 958
- 级 一级
- 类 其他
- 代 明
- cm 通高 35.7
- 源 1986 年山西省吕梁地区孝义县文化馆
  征集
- 入 1986 年

明 周武王皮影披水

- Ⓝ 14118121800003000001372
- Ⓐ 孝义市博物馆
- Ⓞ 959
- Ⓖ 一级
- Ⓛ 其他
- Ⓒ 明
- ㎝ 通高 33
- Ⓢ 1986 年山西省吕梁地区孝义县文化馆
  征集
- Ⓡ 1986 年

明 洪钧老祖皮影披水

Ⓝ 141181218000030000 1393

藏 孝义市博物馆

原 960

级 一级

类 其他

代 明

㎝ 通高 36

源 1986 年山西省吕梁地区孝义县文化馆

　　征集

入 1986 年

明 杨任皮影披水

No 1411812180000300001193

藏 孝义市博物馆

原 961

级 一级

类 其他

代 明

cm 通高 35

源 1986 年山西省吕梁地区孝义县文化馆

　　征集

入 1986 年

明 马林婆皮影披水

No. 141181218000003000001327

藏 孝义市博物馆

原 962

级 一级

类 其他

代 明

cm 通高 29.5

源 1986 年山西省吕梁地区孝义县文化馆征集

入 1986 年

明 余化太子皮影披水

Ⓝ 14118121800003000001402

Ⓐ 孝义市博物馆

Ⓞ 963

Ⓛ 一级

Ⓒ 其他

Ⓒ 明

㎝ 通高 36

Ⓢ 1986 年山西省吕梁地区孝义县文化馆
征集

Ⓘ 1986 年

明 黄滚皮影披水

Ⓝ 1411812180000300001409

㉄ 孝义市博物馆

㉠ 964

㉕ 一级

㉕ 其他

㉕ 明

㎝ 通高 32.2

㉡ 1986 年山西省吕梁地区孝义县文化馆
　　征集

㉥ 1986 年

明 薛恶虎皮影披水

No 1411812180000300001410

藏 孝义市博物馆

原 965

级 一级

类 其他

代 明

cm 通高 27

源 1986 年山西省吕梁地区孝义县文化馆
征集

入 1986 年

明 西方古佛皮影披水

Ⓝ 14118121800003000001114

藏 孝义市博物馆

原 966

级 一级

类 其他

代 明

cm 通高 35

源 1986 年山西省吕梁地区孝义县文化馆
征集

入 1986 年

明 惧留孙皮影披水

No 14118121800003000001262

藏 孝义市博物馆

原 967

级 一级

类 其他

代 明

cm 通高 34

源 1986 年山西省吕梁地区孝义县文化馆
征集

入 1986 年

明 周武王皮影披水

No 141181218000030000 1142

藏 孝义市博物馆

原 968

级 一级

类 其他

代 明

cm 通高 33

源 1986 年山西省吕梁地区孝义县文化馆
征集

入 1986 年

明 琼霄娘娘皮影披水

No 141181218000003000001303

藏 孝义市博物馆

原 969

级 一级

类 其他

代 明

cm 通高 29.5

源 1986 年山西省吕梁地区孝义县文化馆

征集

入 1986 年

明 慈航道人皮影披水

No 1411812180000300001348

藏 孝义市博物馆

原 970

级 一级

类 其他

代 明

cm 通高 32.5

源 1986 年山西省吕梁地区孝义县文化馆
　　征集

入 1986 年

明 琼霄娘娘皮影披水

No 14118121800003000001376

藏 孝义市博物馆

原 971

级 一级

类 其他

代 明

cm 通高 31

源 1986 年山西省吕梁地区孝义县文化馆
征集

入 1986 年

明 男便褂皮影披水

- No 14118121800000300001231
- 藏 孝义市博物馆
- 原 972
- 级 一级
- 类 其他
- 代 明
- cm 通高 31.5
- 源 1986 年山西省吕梁地区孝义县文化馆
  征集
- 入 1986 年

明 男便褂皮影披水

No 14118121800000300001316
藏 孝义市博物馆
原 973
级 一级
类 其他
代 明
cm 通高 28.5
源 1986 年山西省吕梁地区孝义县文化馆征集
入 1986 年

明 五色神牛皮影坐骑

Ⓝ 14118121800003000001258

藏 孝义市博物馆

原 974

级 一级

类 其他

代 明

㎝ 通高28，通宽37

源 1986年山西省吕梁地区孝义县文化馆
　　征集

入 1986年

明 老虎皮影坐骑

No 14118121800003000001390

藏 孝义市博物馆

原 975

级 一级

类 其他

代 明

cm 通高 37，通宽 33

源 1986 年山西省吕梁地区孝义县文化馆

征集

入 1986 年

明 朝天吼皮影坐骑

No 14118121800003000001127

藏 孝义市博物馆

原 976

级 一级

类 其他

代 明

cm 通高 27.5，通宽 29.5

源 1986 年山西省吕梁地区孝义县文化馆
征集

入 1986 年

明 马皮影坐骑

No 14118121800003000001382

藏 孝义市博物馆

原 977

级 一级

类 其他

代 明

cm 通高 33.5，通宽 32

源 1986 年山西省吕梁地区孝义县文化馆

　　征集

入 1986 年

明 狮子皮影坐骑

Ⓝ 14118121800000300001291

㉜ 孝义市博物馆

㉖ 978

㉘ 一级

㉕ 其他

㉑ 明

㎝ 通高 30，通宽 29.5

㉣ 1986 年山西省吕梁地区孝义县文化馆

　　征集

㉙ 1986 年

明 白象皮影坐骑

No 14118121800003000011185

藏 孝义市博物馆

原 979

级 一级

类 其他

代 明

cm 通高 20.2，通宽 27.2

源 1986 年山西省吕梁地区孝义县文化馆
征集

入 1986 年

明 白马皮影坐骑

No 141181218000030000 1405

藏 孝义市博物馆

原 980

级 一级

类 其他

代 明

cm 通高 19.5，通宽 23

源 1986 年山西省吕梁地区孝义县文化馆
征集

入 1986 年

明 青狮皮影坐骑

No 14118121800003000001300

藏 孝义市博物馆

原 981

级 一级

类 其他

代 明

cm 通高 28，通宽 30

源 1986 年山西省吕梁地区孝义县文化馆
　　征集

入 1986 年

明 梅花鹿皮影坐骑

No 14118121800003000001347

藏 孝义市博物馆

原 982

级 一级

类 其他

代 明

cm 通高 27，通宽 22

源 1986 年山西省吕梁地区孝义县文化馆
征集

入 1986 年

明 朝天吼皮影坐骑

No 14118121800003000001391

藏 孝义市博物馆

原 983

级 一级

类 其他

代 明

cm 通高 29，通宽 26.5

源 1986 年山西省吕梁地区孝义县文化馆征集

入 1986 年

清 混元伞皮影道具

No 14118121800003000001343

藏 孝义市博物馆

原 985

级 一级

类 其他

代 清

cm 通高 17，通宽 17

源 1986 年山西省吕梁地区孝义县文化馆
征集

入 1986 年

清 落宝金钱皮影道具

No 14118121800003000001297

藏 孝义市博物馆

原 986

级 一级

类 其他

代 清

cm 直径 6

源 1986 年山西省吕梁地区孝义县文化馆
征集

入 1986 年

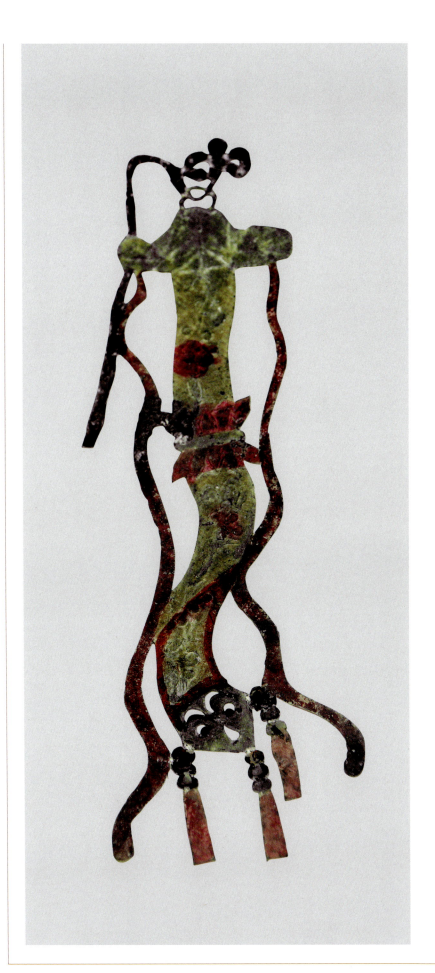

民国 引魂幡皮影道具

No 14118121800003000001294

藏 孝义市博物馆

原 984

级 一级

类 其他

代 民国

cm 通长 20

源 1986 年山西省吕梁地区孝义县文化馆
征集

入 1986 年

明 小旦木偶捎子

- **No** 14118121800000300002975
- **藏** 孝义市博物馆
- **原** 3671
- **级** 一级
- **类** 其他
- **代** 明
- **cm** 通高 10，通宽 8
- **源** 1986 年山西省吕梁地区孝义县文化馆征集
- **入** 1986 年

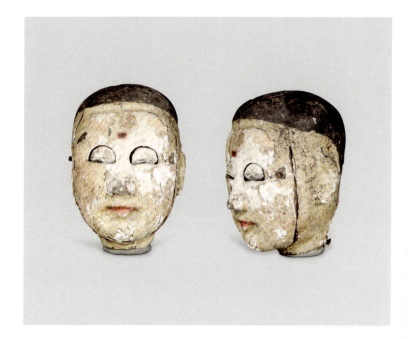

明 小旦木偶捎子

- **No** 14118121800000300002964
- **藏** 孝义市博物馆
- **原** 3672
- **级** 一级
- **类** 其他
- **代** 明
- **cm** 通高 10，通宽 8
- **源** 1986 年山西省吕梁地区孝义县文化馆征集
- **入** 1986 年

明 正旦木偶捎子

- **No** 14118121800000300002962
- **藏** 孝义市博物馆
- **原** 3673
- **级** 一级
- **类** 其他
- **代** 明
- **cm** 通高 10，通宽 8
- **源** 1986 年山西省吕梁地区孝义县文化馆征集
- **入** 1986 年

明 老旦木偶捎子

- No 14118121800000300002957
- 藏 孝义市博物馆
- 原 3674
- 级 一级
- 类 其他
- 代 明
- cm 通高 10，通宽 8
- 源 1986 年山西省吕梁地区孝义县文化馆
  征集
- 入 1986 年

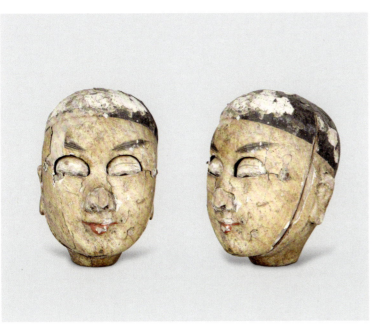

明 小生木偶捎子

- No 14118121800000300002978
- 藏 孝义市博物馆
- 原 3675
- 级 一级
- 类 其他
- 代 明
- cm 通高 10，通宽 7
- 源 1986 年山西省吕梁地区孝义县文化馆
  征集
- 入 1986 年

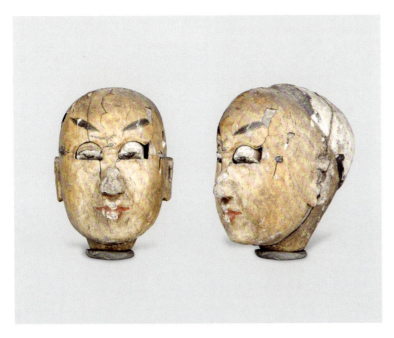

明 须生木偶捎子

- No 14118121800000300002970
- 藏 孝义市博物馆
- 原 3676
- 级 一级
- 类 其他
- 代 明
- cm 通高 10，通宽 8
- 源 1986 年山西省吕梁地区孝义县文化馆
  征集
- 入 1986 年

明 须生木偶捎子

- **No** 14118121800000300002969
- **藏** 孝义市博物馆
- **原** 3677
- **级** 一级
- **类** 其他
- **代** 明
- **cm** 通高 10，通宽 7
- **源** 1986 年山西省吕梁地区孝义县文化馆
  征集
- **入** 1986 年

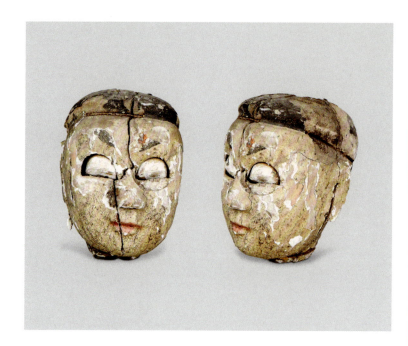

明 须生木偶捎子

- **No** 14118121800000300002971
- **藏** 孝义市博物馆
- **原** 3678
- **级** 一级
- **类** 其他
- **代** 明
- **cm** 通高 10，通宽 8
- **源** 1986 年山西省吕梁地区孝义县文化馆
  征集
- **入** 1986 年

明 老生木偶捎子

- **No** 14118121800000300002958
- **藏** 孝义市博物馆
- **原** 3679
- **级** 一级
- **类** 其他
- **代** 明
- **cm** 通高 10，通宽 7
- **源** 1986 年山西省吕梁地区孝义县文化馆
  征集
- **入** 1986 年

明 包公木偶揥子

- No 14118121800000300002973
- 藏 孝义市博物馆
- 原 3680
- 级 一级
- 类 其他
- 代 明
- cm 通高 10，通宽 8
- 源 1986 年山西省吕梁地区孝义县文化馆征集
- 入 1986 年

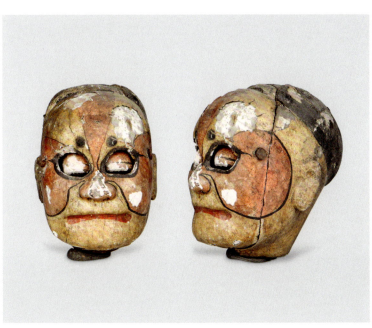

明 老红脸木偶揥子

- No 14118121800000300002968
- 藏 孝义市博物馆
- 原 3681
- 级 一级
- 类 其他
- 代 明
- cm 通高 10，通宽 8
- 源 1986 年山西省吕梁地区孝义县文化馆征集
- 入 1986 年

明 小红脸木偶揥子

- No 14118121800000300002972
- 藏 孝义市博物馆
- 原 3682
- 级 一级
- 类 其他
- 代 明
- cm 通高 10，通宽 8
- 源 1986 年山西省吕梁地区孝义县文化馆征集
- 入 1986 年

明 二花脸木偶捎子

- No 14118121800000300002966
- 藏 孝义市博物馆
- 原 3683
- 级 一级
- 类 其他
- 代 明
- cm 通高 12，通宽 8
- 源 1986 年山西省吕梁地区孝义县文化馆征集
- 入 1986 年

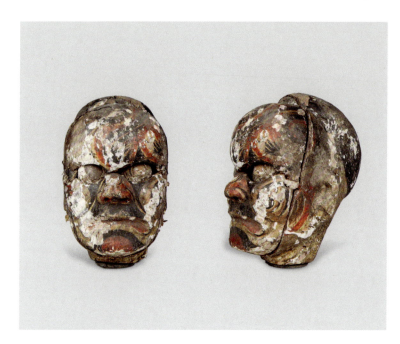

明 白脸木偶捎子

- No 14118121800000300002961
- 藏 孝义市博物馆
- 原 3684
- 级 一级
- 类 其他
- 代 明
- cm 通高 12，通宽 9
- 源 1986 年山西省吕梁地区孝义县文化馆征集
- 入 1986 年

明 三花脸木偶捎子

- No 14118121800000300002977
- 藏 孝义市博物馆
- 原 3685
- 级 一级
- 类 其他
- 代 明
- cm 通高 10，通宽 8
- 源 1986 年山西省吕梁地区孝义县文化馆征集
- 入 1986 年

明 小鬼木偶揥子

- No 1411812180000300002960
- 藏 孝义市博物馆
- 原 3686
- 级 一级
- 类 其他
- 代 明
- cm 通高 12，通宽 8
- 源 1986 年山西省吕梁地区孝义县文化馆
  征集
- 入 1986 年

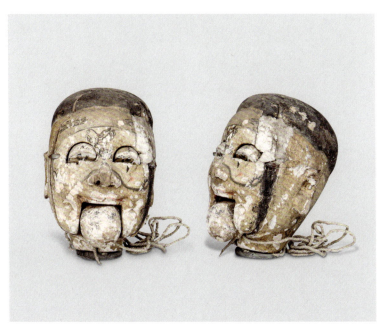

明 青衣旦木偶揥子

- No 1411812180000300002974
- 藏 孝义市博物馆
- 原 3687
- 级 一级
- 类 其他
- 代 明
- cm 通高 11，通宽 8
- 源 1986 年山西省吕梁地区孝义县文化馆
  征集
- 入 1986 年

明 小三花脸木偶揥子

- No 1411812180000300002963
- 藏 孝义市博物馆
- 原 3688
- 级 一级
- 类 其他
- 代 明
- cm 通高 10，通宽 8
- 源 1986 年山西省吕梁地区孝义县文化馆
  征集
- 入 1986 年

明 中阳楼模型

Ⓝ 14118122180000300002959

Ⓐ 孝义市博物馆

Ⓞ 495

Ⓖ 一级

Ⓣ 竹木雕

Ⓒ 明

㎝ 通高 170，通长 84.5，通宽 84

Ⓢ 1986 年山西省吕梁地区孝义县征集

Ⓘ 1986 年

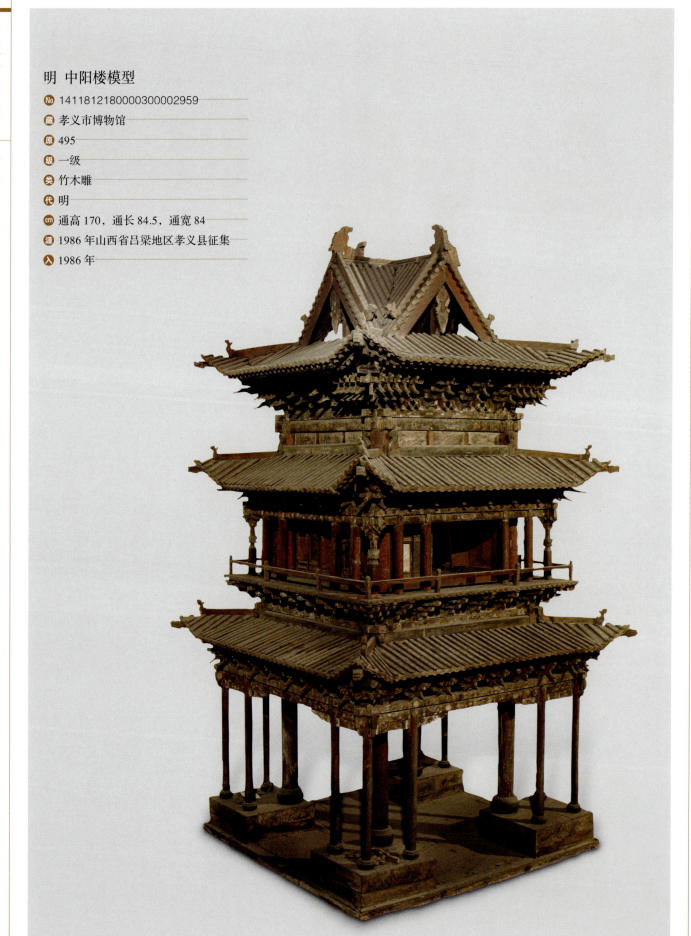

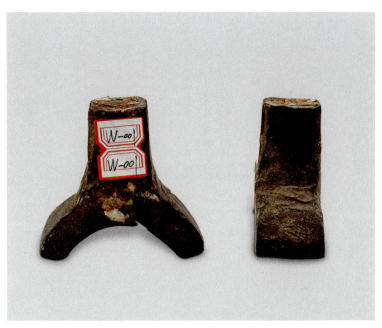

抗日战争时期 晋绥兵工厂使用凹型铁砧

No 14112320180002200001518

藏 吕梁市晋绥边区革命纪念馆

原 W－001

级 一级

类 铁器、其他金属器

代 抗日战争时期

cm 通高 7.2，通宽 3.5

源 旧藏

入 1977 ～ 2000 年

抗日战争时期 晋绥兵工厂使用平铁锤

No 14112320180002200001516

藏 吕梁市晋绥边区革命纪念馆

原 W－002

级 一级

类 铁器、其他金属器

代 抗日战争时期

cm 通高 7.1，通宽 4.6

源 旧藏

入 1977 ～ 2000 年

抗日战争时期 晋绥兵工厂使用铁凹平锤

No 14112320180002200001612

藏 吕梁市晋绥边区革命纪念馆

原 W－003

级 一级

类 铁器、其他金属器

代 抗日战争时期

cm 通高 8.9，通宽 3.5

源 旧藏

入 1977 ～ 2000 年

抗日战争时期 晋绥兵工厂使用板牙扳手

No 141123201800022000001375

藏 吕梁市晋绥边区革命纪念馆

原 W－027

级 一级

类 铁器、其他金属器

代 抗日战争时期

cm 通长 72.5

源 捐赠

入 1977～2000 年

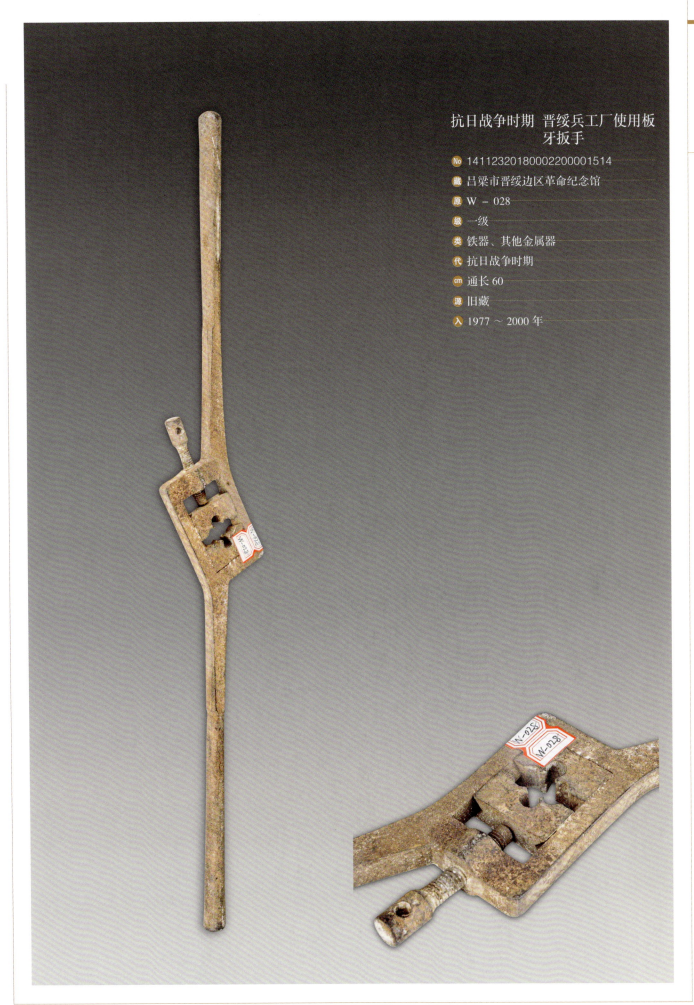

抗日战争时期 晋绥兵工厂使用板牙扳手

No 141123201800022000001514

藏 吕梁市晋绥边区革命纪念馆

原 W－028

级 一级

类 铁器、其他金属器

代 抗日战争时期

cm 通长60

源 旧藏

入 1977～2000 年

抗日战争时期 报警用清乾隆五十年制铁钟

Ⓝ 14112221800006s00001

藏 交城县文物保护所

原 G6

级 一级

类 铁器、其他金属器

代 抗日战争时期

cm 通高 48，口径 46

源 1978 年山西省吕梁地区交城县水峪贯
镇西冶川村征集

入 1978 年

1936 年 红军东征渡黄河使用的
羊皮浑脱

No 141102218000210000376

藏 吕梁市博物馆

原 0380

级 一级

类 其他

代 1936 年

cm 通长 74，通宽 33

源 1977 年山西省吕梁地区柳林县三交村
征集

入 1977 年

1936 年 红军东征使用的大刀

No 141102218000210000323

藏 吕梁市博物馆

原 0377

级 一级

类 武器

代 1936 年

cm 通长 66.5，柄宽 10.5，刃宽 6.5

源 1977 年山西省吕梁地区柳林县三交村
征集

入 1977 年

抗日战争时期 灯盏形瓷手雷

- **No** 14112320180002200001323
- **藏** 吕梁市晋绥边区革命纪念馆
- **原** W－005
- **级** 一级
- **类** 武器
- **代** 抗日战争时期
- **cm** 通高 22.3
- **源** 旧藏
- **入** 1977～2000 年

抗日战争时期 灯盏形瓷手雷

No 1411232018000220001438

藏 吕梁市晋绥边区革命纪念馆

原 W－004

级 一级

类 武器

代 抗日战争时期

cm 通高 18.7

源 旧藏

入 1977～2000 年

抗日战争时期 八路军制造地雷翻砂用木模具

No 14112221800008s00001

藏 交城县文物保护所

原 G41

级 一级

类 武器

代 抗日战争时期

cm 长 53，宽 18，厚 10

源 1978 年山西省吕梁地区交城县水峪贯镇征集

入 1978 年

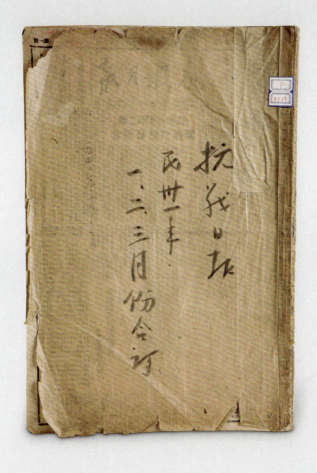 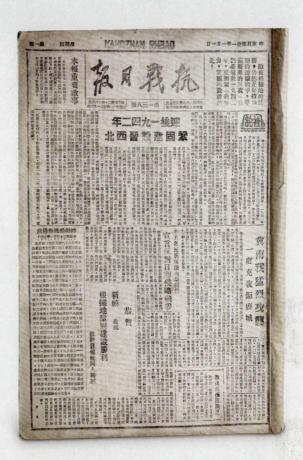

1942年1-3月《抗战日报》

No 14112320180002200001733

藏 吕梁市晋绥边区革命纪念馆

原 F－0539

级 一级

类 文件、宣传品

代 1942 年

cm 纵 39，横 26.6

源 旧藏

入 1977 ～ 2000 年

1948 年 晋绥新华书店印《毛泽东在晋绥干部会议上的讲话》

No 14112320180002200000110

藏 吕梁市晋绥边区革命纪念馆

原 A – 0202

级 一级

类 文件、宣传品

代 1948 年

cm 纵 18.3，横 12.8

源 旧藏

入 1977 ～ 2000 年

抗日战争时期 牛荫冠使用的毛线毯

- Ⓝ 14112320180002200001300
- 藏 吕梁市晋绥边区革命纪念馆
- 原 W－120
- 级 一级
- 类 名人遗物
- 代 抗日战争时期
- cm 通长 184，通宽 143
- 源 1991 年 5 月牛荫冠妻子赵辉捐赠
- 入 1991 年

解放战争时期 毛泽东使用的帆布木躺椅

No 141123201800022000001515

藏 吕梁市晋绥边区革命纪念馆

原 W - 042

级 一级

类 名人遗物

代 解放战争时期

cm 通宽 53

源 旧藏

入 1977 ～ 2000 年

抗日战争时期 晋绥军区司令部大礼堂内的木桌

No 14112320180002200001635

藏 吕梁市晋绥边区革命纪念馆

原 W－061

级 一级

类 家具

代 抗日战争时期

cm 长 103，宽 67，通高 85

源 旧藏

入 1977 ～ 2000 年